ॐ

कर्मकांड से अद्वैत तक

एक साधारण मनुष्य की असाधारण आंतरिक यात्रा

जो प्रश्न से शुरू होती है और मौन में समाप्त

– ॐ –

शुभम कुमार मिश्रा

"शुभम अद्वैत"

खुद से मिलो – आत्मज्ञान की ओर

कर्मकांड से अद्वैत तक

यह पुस्तक लेखक के व्यक्तिगत अध्ययन, अनुभव और संवादों पर आधारित है। इसमें दिए गए विचार किसी संस्था, संगठन या विचारधारा का आधिकारिक वक्तव्य नहीं हैं। प्रकाशक: शुभम अद्वैत पब्लिकेशन्स, अहिरानी, कानपुर देहात, उत्तर प्रदेश, भारत

प्रथम संस्करण: 2026

लेखक: Shubham Kumar Mishra

स्थान: उत्तर प्रदेश, भारत

– शुभम कुमार मिश्रा "शुभम अद्वैत"

अहिरानी, सरवनखेड़ा, कानपुरदेहात, उत्तर प्रदेश

पूज्य बाबा

स्वर्गीय श्री लक्ष्मी नारायण मिश्रा

की पावन स्मृति को सादर नमन

पूज्या दादी श्रीमती कुसुमा देवी,

पूज्य पिता श्री राम मोहन मिश्रा

एवं पूज्या माता श्रीमती सुधा मिश्रा

के श्री चरणों में सादर समर्पित

विषय-सूची

- श्रवण, मनन, निदिध्यासन – साधना के तीन चरण
- ईशावास्य उपनिषद – त्याग-भाव से भोगो
- कठ उपनिषद – यम का नचिकेता को उपदेश
- श्वेताश्वतर उपनिषद – एको देवः सर्वभूतेषु
- बज्रसूचिका उपनिषद – जाति-भेद का खंडन
- मुण्डक उपनिषद – परा और अपरा विद्या

9. **भगवद्गीता – अर्जुन का संकट, हमारा संकट**
   - अर्जुन का विषाद – पहचान का संकट
   - कर्मयोग – 'कर्मण्येवाधिकारस्ते'
   - ज्ञानयोग – 'नैनं छिन्दन्ति शस्त्राणि'
   - भक्तियोग – प्रेम की भाषा में अद्वैत
   - स्थितप्रज्ञ – दुख में अखंड रहने वाला
   - सर्वधर्मान् परित्यज्य – गीता का अंतिम संदेश
10. **शंकराचार्य – ३२ वर्षों में भारत को जगाने वाला**
   - निर्वाण षट्कम् – छः श्लोकों में अपना परिचय
   - भज गोविन्दम् – मृत्यु की याद में जागरण
   - कुरुते गंगासागर गमनम् – तीर्थ की सीमा
   - पुनरपि जननं पुनरपि मरणम् – जन्म-मृत्यु का चक्र

10ए. माता मदालसा की लोरी – 'शुद्धोऽसि बुद्धोऽसि निरञ्जनोऽसि'

10ब. भर्तृहरि – वैराग्य शतकम् : 'भोगा न भुक्ता वयमेव भुक्ताः'

10स. अष्टावक्र गीता – मुक्ति का सबसे सीधा मार्ग

- अष्टावक्र जी का संक्षिप्त जीवन परिचय
- 'मुक्ताभिमानी मुक्तो हि' – विश्वास की शक्ति
- 'न त्वं देहो' – शरीर नहीं हो तुम
- 'आत्मा साक्षी विभुः पूर्णः' – भ्रमात्संसारवानिव

10द. रामचरित मानस – 'ईश्वर अंश जीव अबिनासी'

10ई. रिभु गीता – शिव का परम ज्ञान-उपदेश

- 'अहं ब्रह्म न सन्देहः' – बार-बार की घोषणा
- 'जगन्मिथ्या सदा मिथ्या' – रमण महर्षि का प्रसंग

10फ. योग वशिष्ठ – महर्षि वशिष्ठ का राम को उपदेश

- 'मनोमात्रमिदं विश्वं' – संसार चित्त-मात्र है
- जीवन्मुक्ति – संसार में रहकर मुक्त
- लीलोपाख्यान – राजा लवण की कथा
- वासनाक्षय – साधना का केंद्रीय लक्ष्य

10ग. शून्यता सप्तति – नागार्जुन का मध्यमार्ग

- शून्यता का अर्थ – 'स्वतंत्र सत्ता का अभाव'
- प्रतीत्यसमुत्पाद – सब परस्पर निर्भर हैं
- मध्यमार्ग – 'न अस्ति, न नास्ति'
- वेदांत और बौद्ध – दो भाषाएँ, एक सत्य

भाग ४ – गृहस्थ जीवन में अद्वैत

11. साधारण जिज्ञासुओं के प्रश्न – और ईमानदार उत्तर

12. भ्रम और उनका समाधान – वे गलतफहमियाँ जो यात्रा रोकती हैं

भाग ५ – व्यावहारिक जीवन में अद्वैत

13. परिवार – सबसे बड़ी साधना-शाला

14. क्रोध, मोह, दुख – अद्वैत की शल्य-चिकित्सा

15. मृत्यु – सबसे बड़ा गुरु

15ए. आधुनिक बोध – अहंकार का विसर्जन

15ब. कंप्यूटर, फाइलें और साक्षी भाव

लेखक-परिचय

– ॐ –

शुभम कुमार मिश्रा का जन्म उत्तर प्रदेश के कानपुरदेहात जिले के एक छोटे से गाँव – सरवनखेड़ा के अहिरानी ग्राम – में हुआ। एक ब्राह्मण परिवार में, पिता श्री राम मोहन मिश्रा किसान थे, माँ श्रीमती सुधा मिश्रा गृहिणी। घर में शास्त्र थे, पर उनसे अधिक संस्कार थे। सुबह की पूजा, व्रत, तीज-त्यौहार – यही उनका पहला धर्म-शिक्षा था।

प्रारंभिक शिक्षा गाँव से दो किलोमीटर दूर के विद्यालय में हुई। आठवीं के बाद आगे पढ़ने के लिए ननिहाल चले गए – वहाँ रहकर इंटर मीडिएट की परीक्षा पास की। फिर ननिहाल के पास के एक महाविद्यालय से बी.एस.सी. (गणित वर्ग) की डिग्री ली।

कानपुर में रहते हुए कम्प्यूटर ऑपरेटिंग का एक वर्षीय डिप्लोमा किया। सन् 2012 में विवाह हुआ। उसी वर्ष उत्तर प्रदेश रोडवेज में संविदा कम्प्यूटर ऑपरेटर के पद पर नियुक्ति मिली, तैनाती हुई अलीगढ़ में। अलीगढ़ ने उन्हें एक अप्रत्याशित उपहार दिया – कम्प्यूटर और मुफ़्त इंटरनेट।

वह मोड़ – जब दोस्ती ने रास्ता बदल दिया

सन् 2014 में रोडवेज में ही एक वरिष्ठ कर्मचारी – श्री मुकेश बाबू – से मुलाकात हुई। उम्र में काफी बड़े – लेकिन विचारों में

नहीं। वह व्यक्ति आध्यात्मिकता में पूरी तरह डूबे हुए थे। उनकी संगति में अध्यात्म के प्रति जो रुचि थी, वह लौ बन गई। उन्होंने संतराम सुखदास जी की 'साधक संजीविनी' भेंट की। वह पुस्तक एक द्वार था। उस द्वार से प्रवेश करने के बाद शुभम कुमार मिश्रा ने पीछे मुड़कर नहीं देखा।

उसके बाद अष्टावक्र गीता आई। फिर YouTube पर स्वामी परमानन्द जी और स्वामी श्रवणानन्द सरस्वती जी के प्रवचन – और यहीं से सगुण से निर्गुण की ओर यात्रा आरंभ हुई।

आचार्य प्रशांत – एक नया आलोक

सन् 2018-19 में YouTube पर आचार्य प्रशांत का एक वीडियो आया। उस वीडियो ने सोच की पूरी ज़मीन हिला दी। आचार्य प्रशांत की भाषा शास्त्रीय थी पर आधुनिक थी, तीखी थी पर प्रेम से भरी। उनके माध्यम से उपनिषद और भगवद्गीता एक नई रोशनी में दिखे। उसके बाद – कबीर, बुल्लेह शाह, संत तुकाराम, मीराबाई, बुद्ध-दर्शन, जैन दर्शन, वेदांत, जे. कृष्णमूर्ति, ओशो, खलील जिब्रान – एक पूरा संसार खुलता चला गया।

यह यात्रा – गृहस्थ जीवन में रहते हुए, नौकरी करते हुए, परिवार का दायित्व निभाते हुए – आज भी जारी है।

यह पुस्तक क्यों?

एक दिन मन में विचार आया: जो मुझे मिला है – जो अनुभव, जो पठन, जो चिन्तन – उसे क्यों न किसी और के लिए भी

लिखूँ? यह पुस्तक किसी पंडित ने नहीं लिखी। यह एक साधारण मनुष्य ने लिखी है – जो गाँव से शहर तक आया, जिसने धर्म को पहले कर्मकांड के रूप में जाना, फिर उससे आगे जाने की इच्छा हुई, और धीरे-धीरे अद्वैत वेदांत के उस द्वार तक पहुँचा जहाँ लिखा है: 'तत्त्वमसि – वह तुम हो।'

लेखक स्वयं को साधक मानते हैं – सिद्ध नहीं। यदि इस पुस्तक में कोई त्रुटि हो, तो वह त्रुटि एक साधक की है। और साधक की त्रुटि भी साधना का ही अंग है।

जिन ग्रंथों और विभूतियों ने राह दिखाई

मेरी यात्रा एकांत में नहीं हुई। अनेक महापुरुषों की वाणी ने मुझे हाथ दिया – कभी पुस्तकों के माध्यम से, कभी प्रवचनों के माध्यम से, कभी एकांत में उनके शब्दों पर मनन के माध्यम से।

आदि शंकराचार्य का निर्वाण षट्कम् और भज गोविंदम् ने यह बताया कि 'मैं' वह नहीं हूँ जो दिखता है – बल्कि वह हूँ जो देखता है। माता मदालसा की लोरी ने यह सिखाया कि पूर्णता बाहर से नहीं मिलती – वह भीतर से पहचानी जाती है। भर्तृहरि के वैराग्य शतकम् ने संसार की असलियत आईने की तरह दिखाई – 'भोगों ने हमें भोगा, हमने भोगों को नहीं।'

कबीर की निर्गुण वाणी ने सीधे हृदय को छुआ – बिना किसी मध्यस्थ के। दादू दयाल ने भीतर खोजने का मार्ग दिखाया। शाहजी महाराज की भक्ति-वाणी ने यह जताया कि प्रेम का मार्ग भी उसी शिखर पर पहुँचता है जहाँ ज्ञान का मार्ग। स्वामी राम ने यह सिद्ध किया कि साधना हिमालय की गुफाओं में नहीं – दफ्तर, घर और परिवार में भी

हो सकती है। ओशो ने अष्टावक्र और कबीर को जिस जीवंतता से प्रस्तुत किया – उसने कई जड़ धारणाओं को तोड़ा। और महर्षि मुक्त की शिक्षाओं ने मौन के उस आयाम से परिचय कराया जो शब्दों से परे है।

इन सब महापुरुषों की शिक्षाओं को मैंने अपने जीवन की कसौटी पर परखा – रोडवेज के दफ्तर में, घर की छोटी-बड़ी परिस्थितियों में, अकेलेपन में, भीड़ में। और जो परखने पर खरा उतरा – वही इस पुस्तक में आया है।

प्रस्तावना

एक साधारण मनुष्य की असाधारण आंतरिक यात्रा

– ॐ –

अगर आपके भीतर कभी यह प्रश्न उठा है – 'क्या बस यही है?' – तो यह पुस्तक आपके लिए है।

यह पुस्तक किसी पंडित ने नहीं लिखी। यह उस व्यक्ति ने लिखी है जो उत्तर प्रदेश के एक छोटे से गाँव में पला-बढ़ा। जिसके पिता किसान थे। जो बचपन से यही जानता था – पूजा करो, व्रत रखो, मंदिर जाओ, यही धर्म है।

लेकिन एक दिन मन ने पूछा: 'यह सब करते हुए भी भीतर का खालीपन क्यों नहीं भरता?' वह प्रश्न इस पुस्तक का बीज है।

मैं आज भी साधक हूँ – सिद्ध नहीं। गृहस्थ हूँ, नौकरी करता हूँ, संसार में हूँ। लेकिन कुछ वर्षों की पठन-साधना ने – कबीर, शंकराचार्य, रमण महर्षि, आचार्य प्रशांत, रूमी, बुद्ध, कृष्णमूर्ति को पढ़ते-सुनते हुए – जो दृष्टि दी है, वह यहाँ प्रस्तुत है।

इस पुस्तक का उद्देश्य एक है: पाठक को कर्मकांड और अंध-विश्वास से मुक्त करके अद्वैत वेदांत की उस दृष्टि की ओर ले जाना जो कहती है – तुम पहले से पूर्ण हो। तुम्हें कुछ 'पाना' नहीं है। केवल भ्रम को हटाना है।

यह पुस्तक कर्मकांड का विरोध नहीं करती – वह उसकी सीमा दिखाती है। और सीमा के पार जो है – उस अनन्त को छूने का निमंत्रण देती है।

इस पुस्तक को एक बार में मत पढ़ो। एक अध्याय पढ़ो, रुको, उस पर बैठो। जो असुविधा जन्म ले – उससे भागो मत। वही असुविधा द्वार है।

यदि इस पुस्तक से एक भी पाठक के मन में वह प्रश्न जागे – 'मैं कौन हूँ?' – तो यह लेखन सार्थक है।

– शुभम कुमार मिश्रा "शुभम अद्वैत"

"यह पुस्तक आपको उत्तर नहीं देगी –

यह आपको आपके प्रश्नों के सामने खड़ा कर देगी।"

– शुभम कुमार मिश्रा "शुभम अद्वैत"

यह पुस्तक कैसे पढ़ें?

– ॐ –

यह पुस्तक जल्दी में पढ़ने के लिए नहीं लिखी गई है। यह उन पाठकों के लिए है जो किसी प्रश्न के साथ बैठना जानते हैं – या बैठना सीखना चाहते हैं। पढ़ने से पहले ये कुछ सुझाव:

१. **धीरे पढ़ें** – एक अध्याय पढ़ें, फिर रुकें। जैसे भोजन को चबाकर खाते हैं – वैसे शब्दों को मन में उतरने दें। पढ़ना समाप्त करने की जल्दी मत करें।

२. **हर अध्याय के बाद मनन करें** – पढ़ने के बाद पुस्तक बंद करें और पाँच मिनट चुप बैठें। देखें – उस अध्याय ने भीतर क्या हिलाया? क्या कोई प्रश्न उठा?

३. **असुविधा से मत भागें** – यदि कोई विचार या प्रश्न बेचैन करे – तो उसके साथ बैठें। वह असुविधा ही द्वार है। जो आरामदेह नहीं लगता, वही अक्सर सबसे ज़रूरी होता है।

४. **उत्तर की जल्दी नहीं** – अध्यात्म में उत्तर मिलते नहीं – प्रश्न गहरे होते हैं। जितना गहरा प्रश्न, उतना गहरा बोध। उत्तर की तलाश मत करें – प्रश्न को जीने दें।

५. **आत्म-परीक्षण अवश्य करें** – हर अध्याय के अंत में दिए गए 'आत्म-परीक्षण' के प्रश्नों को केवल पढ़ें नहीं – उन पर कागज़-कलम लेकर बैठें। जो लिखा जाए, वह आपकी यात्रा का हिस्सा बन जाएगा।

६. **यह यात्रा आपकी है** – इस पुस्तक में जो कुछ भी है – उसे अपने जीवन की कसौटी पर परखें। जो खरा उतरे, उसे अपनाएँ। जो न लगे, उसे छोड़ दें। कोई भी पुस्तक – गुरु नहीं, संकेत है।

अध्याय ० – चेतना की यात्रा

पदार्थ से प्रश्न तक

"यह केवल इतिहास नहीं है –

यह आपकी चेतना की कहानी है।"

लाखों-करोड़ों वर्षों की एक अनवरत यात्रा है यह – पदार्थ से जीवन तक, जीवन से मन तक, मन से प्रश्न तक। इस यात्रा को समझना केवल विज्ञान नहीं है – यह अपनी चेतना का पता लगाना है। यह जानना है कि 'मैं' यहाँ तक कैसे पहुँचा – और आगे कहाँ जाना है।

– ॐ –

१. पदार्थ की नींद – पृथ्वी का निर्माण (≈ ४.५ अरब वर्ष पूर्व)

जब पृथ्वी बनी –

तब कोई जीवन नहीं था,

कोई प्रश्न नहीं था,

कोई पीड़ा नहीं थी।

केवल पदार्थ था – गैस, धूल, आग और गति।

यहाँ चेतना सोई हुई थी – उपस्थित, पर अनभिज्ञ। अस्तित्व था, पर अनुभव करने वाला कोई नहीं था। ब्रह्माण्ड धड़कता था – पर उसे अपनी धड़कन का बोध न था।

२. जीवन की पहली हलचल – एक कोशिका (≈ ३.८ अरब वर्ष पूर्व)

समुद्र की गहराइयों में पहली कोशिका जागी।

अब अस्तित्व केवल था नहीं –

अब वह बचना चाहता था।

चेतना का यह पहला रूप था – अनुकूलन। जो अनुकूल हुआ, वही बचा। यहाँ न नैतिकता थी, न चुनाव। केवल प्रतिक्रिया थी। पर यही वह क्षण था जब निर्जीव पदार्थ ने पहली साँस ली।

३. जटिलता की ओर – बहुकोशिकीय जीवन (≈ ६० करोड़ वर्ष पूर्व)

कोशिकाएँ जुड़ीं, अंग बने, तंत्रिका तंत्र विकसित हुआ।

चेतना ने अब संवेदना सीखी – दर्द, सुख, भय। पर अभी भी कोई 'मैं' नहीं था। सिर्फ़ शरीर था और उसकी ज़रूरतें। जीवन का अर्थ था – जीते रहना।

४. प्रकृति का कठोर नियम – विलुप्ति (≈ ६.५ करोड़ वर्ष पूर्व)

डायनासोर ताक़तवर थे – पर लचीले नहीं।

प्रकृति ने एक झटके में पन्ना पलट दिया।

चेतना का यह संदेश गहरा था: ताक़त नहीं, लचीलापन बचाता है। विनाश के उसी मलबे से स्तनधारियों की नींव पड़ी – और आगे चलकर मनुष्य की संभावना।

५. प्रारंभिक मानव – औज़ार और सीधा चलना (≈ ७० लाख वर्ष पूर्व)

मानव पूर्वज ने सीधा चलना शुरू किया।

हाथ मुक्त हुए – और औज़ार बने।

चेतना अब उपयोगी बुद्धि बनी। सोच जीवन बचाने के लिए थी – सत्य जानने के लिए नहीं। पर यही वह नींव थी जिस पर आगे की पूरी यात्रा खड़ी होनी थी।

६. होमो सेपियन्स – कल्पना का जन्म (≈ ३ लाख वर्ष पूर्व)

मस्तिष्क बड़ा हुआ। भाषा आई। कल्पना जागी।

यहीं पहली बार मनुष्य ने जो है – उससे परे, जो हो सकता है – उसके बारे में सोचा। इसी क्षण सपना पैदा हुआ। और इसी क्षण बेचैनी भी। कल्पना वरदान भी है – और श्राप भी।

७. प्रतीक, भाषा और 'मैं' (≈ ४० हज़ार वर्ष पूर्व)

चित्र बने, कहानियाँ बनीं, नाम बने।

और एक दिन चेतना ने कहा – 'मैं यह हूँ।'

यहीं अहंकार का जन्म हुआ। यहीं तुलना शुरू हुई। यहीं 'मैं' और 'तुम' का भेद पड़ा। और यहीं दुख का वह बीज गिरा – जो आज भी अंकुरित होता रहता है।

८. शिकारी-संग्रहकर्ता जीवन – संतुलन (≈ २ लाख-१२ हज़ार वर्ष पूर्व)

छोटे समूह, प्रकृति पर निर्भर जीवन।

न संग्रह था, न भविष्य की चिंता।

शरीर और मन इसी जीवन के लिए बने थे। चेतना काफ़ी हद तक वर्तमान में थी। यही वह अवस्था थी जब मनुष्य धरती के सबसे करीब था – और शायद स्वयं के भी।

९. कृषि – सुरक्षा के साथ चिंता (≈ १२ हज़ार वर्ष पूर्व)

खेती आई, भंडारण हुआ, स्थायित्व बढ़ा।

पर इसके साथ आया – मालिकाना भाव, असमानता और भय। भविष्य पहली बार मन पर भारी पड़ा। सुरक्षा मिली – पर उसकी क़ीमत थी मन की स्वतंत्रता।

१०. सभ्यताएँ – व्यवस्था और नियंत्रण (≈ १०-४ हज़ार वर्ष पूर्व)

शहर, राजा, कर, सेना – व्यवस्था बनी।

पर व्यक्ति भीतर से छोटा होता गया।

चेतना बाहरी नियंत्रण में सिमट गई। नियम बने – पर वे नियम आत्मा के लिए नहीं, व्यवस्था के लिए थे। भीतर की आज़ादी धीरे-धीरे घटती गई।

११. अक्षीय युग – भीतर की पुकार (≈ ६००-४०० ईसा पूर्व)

बुद्ध, उपनिषद, महावीर, सुकरात –

एक ही समय में, अलग-अलग धरातल पर,

एक ही प्रश्न उठा: 'मैं कौन हूँ?'

यह प्रश्न विलास से नहीं जागा – घुटन से जागा। जब बाहर की हर व्यवस्था पर्याप्त न लगी, तब मनुष्य भीतर मुड़ा। यही वह मोड़ था जिसने आध्यात्मिकता को जन्म दिया।

१२. धर्म – मार्ग से संस्था तक

शुरुआत में धर्म था – आत्म-अन्वेषण।

समय के साथ वह बन गया – नियम, पहचान, सत्ता।

प्रश्न दब गए – उत्तर जम गए। जो जीवंत खोज थी, वह कर्मकांड बन गई। और वही कर्मकांड इस पुस्तक की यात्रा का पहला पड़ाव है।

१३. विज्ञान – बाहरी विजय (१५००-१८०० ईस्वी)

प्रकृति समझी गई, मशीनें बनीं, रोग मिटे।

चेतना बाहर की दुनिया में शक्तिशाली हुई – पर भीतर की दुनिया अनजान रही। विज्ञान ने शरीर को जाना, पर 'मैं कौन हूँ?' – यह प्रश्न उसकी परिधि से बाहर रहा।

१४. आधुनिक युग – सुविधा और खालीपन (१९००-२०००)

तकनीक, दवाइयाँ, मनोविज्ञान – सब कुछ मिला।

सिवाय शांति के।

बाहरी समस्याएँ घटीं – भीतरी बेचैनी बढ़ी। जितनी सुविधा बढ़ी, उतना खालीपन भी। यह विरोधाभास आधुनिक मनुष्य की सबसे बड़ी पहेली बन गया।

१५. आज का मानव – निर्णायक मोड़ (२०००-वर्तमान)

पुराना शरीर, आदिम भय –

और अपार तकनीकी शक्ति।

यही टकराव है।

तनाव, अवसाद, हिंसा और अर्थहीनता – ये लक्षण नहीं, संकेत हैं। ये कह रहे हैं: आगे का रास्ता यहाँ से नहीं है। भीतर मुड़ो।

– ॐ –

निष्कर्ष – चेतना का अगला कदम

अरबों वर्षों की यह यात्रा यहाँ आकर रुकती नहीं – यह यहाँ से मुड़ती है।

अब विकास शरीर से नहीं होगा,
तकनीक से नहीं होगा –
अब विकास केवल
देखने की क्षमता से होगा।

जब मनुष्य अपने विचारों को, अपनी प्रतिक्रियाओं को, अपने भय को – बिना उनमें खोए – देख सकेगा, तब एक नया मनुष्य जन्म लेगा।

और यहीं से

आत्म-अवलोकन, ध्यान और मुक्ति

विकल्प नहीं –

आवश्यकता बन जाते हैं।

यही इस पुस्तक की यात्रा का आरंभ है।

यह अध्याय समाप्त होता है – और आपकी खोज शुरू होती है।

स्रोत: Open Internet के आधार पर संकलित

– ॐ –

भाग १

कर्मकांड – यात्रा की शुरुआत

अध्याय १

धर्म क्या है? पूजा क्यों करते हैं?

– ॐ –

उत्तर प्रदेश के कानपुर देहात के एक छोटे से गाँव में एक बालक है। वह पारिवारिक जनों के साथ सुबह-सुबह मंदिर जाता है – घर से पैदल। मंदिर में घंटियों की आवाज़ है, अगरबत्ती की सुगंध है, दीपों की टिमटिमाहट। बड़े-बुज़ुर्ग आँखें मूँदकर प्रार्थना करते हैं – उनके चेहरों पर एक ऐसी शांति है जो उस बालक ने कहीं और नहीं देखी। वह पूजा-पद्धति और कर्मकांड को देखता है और मन ही मन सोचता है – 'यह सब क्यों होता है? इन क्रियाओं के पीछे क्या है? क्या केवल इतना ही है, या इससे भी आगे कुछ है?'

वह बालक जानता नहीं कि यह क्या है – पर वह चुप हो जाता है। भीतर कुछ होता है। वह बालक शुभम है। और यही अनुभव – यह पूरी पुस्तक का आरंभ-बिन्दु है। यही धर्म की पहली अनुभूति है – न शास्त्र से, न तर्क से, सीधे अनुभव से। उस बचपन के प्रश्न ने ही आगे की सारी यात्रा को जन्म दिया।

धर्म – शब्द के भीतर का सत्य

संस्कृत में 'धर्म' शब्द 'धृ' धातु से बना है। धृ का अर्थ है – धारण करना। जो धारण करे, जो थामे रखे – वह धर्म है। धर्म उस सूत्र का नाम है जो मनुष्य को उसकी आत्मा से जोड़े रखता है। जब वह सूत्र टूट जाता है – तब भीतर अराजकता होती है, बाहर अनैतिकता होती है। जब वह सूत्र मज़बूत होता है – तब मनुष्य में एक स्थिरता होती है जो परिस्थितियों से नहीं डिगती।

> धर्मो रक्षति रक्षितः।
>
> **अर्थ:** धर्म उसकी रक्षा करता है जो धर्म की रक्षा करता है। – महाभारत, वनपर्व

आज का धर्म – एक ईमानदार परीक्षा

लेकिन एक प्रश्न पूछना ज़रूरी है – और यह प्रश्न तीखा है: आज हम जो धर्म जी रहे हैं – क्या वह हमें धारण कर रहा है? क्या वह हमें हमारी आत्मा से जोड़ रहा है? या वह हमें और अधिक भयभीत बना रहा है?

देखो – आज के धार्मिक मनुष्य को। वह मंगलवार को व्रत रखता है पर मंगलवार की शाम दफ्तर में किसी के साथ विश्वासघात करता है। वह गंगा में स्नान करता है पर घर में पत्नी से झूठ बोलता है। वह मंदिर में सिर झुकाता है पर मंदिर से बाहर निकलते

ही अपने भाई के हिस्से की ज़मीन हड़पने की योजना बनाता है। यह धर्म है? या धर्म का मुखौटा?

» विविध परंपराओं के स्वर

"जो धर्म तुम्हें डराए, वो धर्म नहीं – वो तुम्हारी कमज़ोरी का व्यापार है। असली धर्म वो है जो तुम्हें तुम से मिलाए।"

– **आचार्य प्रशांत**, सत्र वार्ता, प्रशांत अद्वैत फाउंडेशन

"धर्म न तो मंदिरों में है, न मस्जिदों में – धर्म मनुष्य की आत्मा में है। जो मनुष्य को भय से मुक्त करे – वही सच्चा धर्म है।"

– **स्वामी विवेकानंद**, संपूर्ण रचनाएँ, खंड २

"Religion is not a matter of temples and mosques. It is a matter of the heart."

– **Mahatma Gandhi**, यंग इंडिया, १९२१

पूजा का असली उद्देश्य – जो कोई नहीं बताता

ईश्वर को भूख नहीं लगती। ईश्वर को फूल नहीं चाहिए। ईश्वर को तुम्हारा घी नहीं चाहिए। तो फिर यह सब क्यों? क्योंकि तुम्हें इसकी ज़रूरत है। जब तुम दीपक जलाते हो – तुम अपने भीतर के अंधकार को देखते हो। जब तुम फूल चढ़ाते हो – तुम अपनी कठोरता को छोड़ते हो। जब घंटी बजाते हो – वह एक पल के लिए मन की अनगिनत चिंताओं को एक बिंदु पर ले आती है।

पूजा मन की साधना है – बाहरी प्रतीकों के माध्यम से। मूर्ति भी एक प्रतीक है – उस असीमा की ओर इशारा करने वाला।

धर्म की तीन परीक्षाएँ

पहली कसौटी: क्या यह धर्म तुम्हें निर्भय बनाता है? असली धर्म भय नहीं देता – भय से मुक्त करता है।

दूसरी कसौटी: क्या यह तुम्हारे व्यवहार को बदलता है? जो धर्म केवल अनुष्ठान में रहे और जीवन में न उतरे – वह धर्म नहीं, आदत है।

तीसरी कसौटी: क्या यह तुम्हें अपनी आत्मा के निकट ले जाता है? धर्म का काम है – मनुष्य को उसकी गहराई से परिचित कराना।

□ आत्म-परीक्षण

1. आप पूजा करते हैं – तो किसलिए? डर से, आदत से, या प्रेम से? ईमानदारी से उत्तर दें।
2. पिछले एक महीने में आपकी धार्मिकता ने आपके किसी एक व्यवहार को बेहतर बनाया – कोई एक उदाहरण?
3. यदि भगवान हैं – तो क्या वे आपके डर से या आपके प्रेम से अधिक प्रसन्न होंगे?
4. धर्म की आपकी अपनी परिभाषा क्या है – दूसरों से सुनी हुई नहीं, स्वयं की?

अध्याय २

कर्मकांड का महत्व और उसकी सीमा

– ॐ –

गंगा के किनारे एक घाट पर एक वृद्ध पंडित थे। प्रतिदिन सूर्योदय से पहले स्नान, फिर दो घंटे संध्यावंदन, फिर पूजा, फिर पाठ। पचास वर्षों से यही क्रम था। एक दिन एक युवक ने उनसे पूछा – 'पंडित जी, इतनी साधना के बाद आपको ज्ञान हुआ?'

पंडित जी चुप रहे। फिर बोले – 'बेटा, मेरा मन अभी भी उतना ही चंचल है। पूजा करते हुए भी मैं कल के झगड़े के बारे में सोचता रहता हूँ।' युवक ने पूछा – 'तो फिर यह सब किसलिए?' पंडित जी ने कहा – 'यह सब नहीं होता, तो शायद और भी बुरा होता।' यही कर्मकांड का सत्य है – और यही उसकी सीमा भी।

कर्मकांड क्यों है – असली कारण

वेदांत की परंपरा में कर्मकांड को 'चित्त-शुद्धि का साधन' कहा गया है। पूजा, व्रत, तीर्थयात्रा – ये सब उस चित्त को धीरे-धीरे शुद्ध करते हैं। जब तुम नियमित रूप से किसी उच्च सत्ता के सामने सिर झुकाते हो – तो अहंकार थोड़ा घुलता है। जब व्रत रखते हो – इच्छाओं पर नियंत्रण का अभ्यास होता है।

> **न कर्मणा न प्रजया धनेन त्यागेनैके अमृतत्वमानशुः।**
>
> **अर्थ:** न कर्म से, न संतान से, न धन से – केवल त्याग (ज्ञान) से ही कुछ लोगों ने अमृतत्व प्राप्त किया। – कैवल्य उपनिषद

कर्मकांड की सीमा – जहाँ ईमानदारी चाहिए

शंकराचार्य ने विवेकचूड़ामणि में स्पष्ट कहा – कर्मकांड चित्त को शुद्ध कर सकता है, लेकिन मोक्ष नहीं दे सकता। मोक्ष केवल ज्ञान से होता है। और ज्ञान का अर्थ है – वह समझ जो जानने वाले को बदल दे। सूचना जमा करना ज्ञान नहीं है – ज्ञान वह है जो भीतर से रूपांतरण लाए, जो अहंकार के काम करने के तरीके को सीधे देखे और उस देखने से बंधन ढीले पड़ने लगें। एक उदाहरण: साबुन से हाथ धोने पर हाथ साफ़ होते हैं – लेकिन साबुन खाने से पेट नहीं भरता। कर्मकांड साबुन है – यह मन को साफ़ करता है। लेकिन भीतरी रूपांतरण की भूख उससे नहीं मिटती।

» विविध परंपराओं के स्वर

"क्रिया करत भोग भुगतत, ज्ञान बिन भवनहिं जाय। ज्ञान परे भव जायहैं, ज्योति दीपक तम खाय।"

– **संत कबीर**, कबीर ग्रंथावली

"भीतरी बोध के बिना बाहरी क्रिया केवल रूढ़ि है। जब ज्ञान जीवन बन जाए – तभी मुक्ति होती है।"

– स्वामी राम के विचारों पर आधारित

"बाह्य-पूजा परा शक्तिः, ध्यानं मध्यम, आत्मज्ञानं परं – बाह्य-पूजा से ध्यान श्रेष्ठ, ध्यान से आत्मज्ञान।"

– आदि शंकराचार्य, विवेकचूडामणि, ३७०

तो क्या कर्मकांड छोड़ दें?

नहीं – यह प्रश्न ही गलत है। जो बच्चा अभी साइकिल सीख रहा है, उसके लिए ट्रेनिंग व्हील्स ज़रूरी हैं। जब वह सीख जाए – तो ट्रेनिंग व्हील्स अपने आप उतर जाती हैं। उसी तरह – जब तक मन कर्मकांड से ऊर्जा लेता है, उसे शांति मिलती है – तब तक कर्मकांड उचित है। कर्मकांड सीढ़ी है। सीढ़ी को मत तोड़ो – लेकिन सीढ़ी पर ही मत बैठे रहो।

□ **आत्म-परीक्षण**

5. आपका कर्मकांड – डर से होता है, आदत से, या समझ से? एक-एककर के परखें।
6. पिछले एक वर्ष में कर्मकांड से आपके भीतर क्या बदला – ईमानदारी से?
7. क्या आप किसी कर्मकांड को समझकर – उसका अर्थ जानकर – करते हैं?
8. एक नया प्रयोग: कल की पूजा पूरी जागरूकता से करें – और देखें क्या बदलता है।

अध्याय ३

मन में उठता प्रश्न

'क्या बस यही है?'

– ॐ –

सन् 2012। अलीगढ़। एक युवक पहली बार अपनी नौकरी की कुर्सी पर बैठा है। उत्तर प्रदेश रोडवेज का दफ्तर। सामने कम्प्यूटर है – और पहली बार, मुफ़्त इंटरनेट। नौकरी थी। विवाह हो चुका था। जीवन 'सेट' हो रहा था।

फिर भी – रात को अकेले में एक अजीब-सी बेचैनी थी। 'क्या बस यही है? नौकरी, घर, परिवार, पूजा... और फिर एक दिन मृत्यु?' वह युवक शुभम है – और वह प्रश्न इस पुस्तक की आत्मा है।

यह प्रश्न – एक वरदान

यह प्रश्न जब पहली बार आता है – तो मनुष्य उसे दबाने की कोशिश करता है। क्योंकि यह प्रश्न कहता है: 'जो तुमने अब तक जमा किया – वह पर्याप्त नहीं है।' लेकिन वेदांत की दृष्टि से – यह प्रश्न एक वरदान है। यह मनुष्य की आत्मा की पुकार है।

आत्मा कह रही है: 'तुम जो खोज रहे हो, वह इन चीज़ों में नहीं है। आओ, भीतर आओ।'

> जन्म दुखम् जरा दुखम् जाया दुखम् पुनः पुनः। संसार सागरं दुखम् तस्मात् जाग्रत जाग्रत।
>
> **अर्थ:** जन्म दुख है, वृद्धावस्था दुख है, यह संसार-सागर दुखमय है – इसलिए जागो, जागो।

मुमुक्षुत्व – जागने की तैयारी

वेदांत साधना के लिए चार योग्यताएँ बताता है – 'साधन-चतुष्टय':

विवेक: नित्य और अनित्य में भेद करने की शक्ति।

वैराग्य: क्षणिक चीज़ों के प्रति आसक्ति का क्रमिक शिथिल होना।

षट्-सम्पत्ति: छह गुण – शम, दम, उपरति, तितिक्षा, श्रद्धा, और समाधान।

मुमुक्षुत्व: मोक्ष की तीव्र इच्छा।

जब वह प्रश्न – 'क्या बस यही है?' – बहुत गहरा हो जाता है, जब वह केवल मन का खेल नहीं रहता बल्कि आत्मा की पुकार बन जाता है – तब मुमुक्षुत्व जागता है। और यही वह बिंदु है जहाँ से असली यात्रा शुरू होती है।

» विविध परंपराओं के स्वर

"तुम भागते हो अपने आप से – और जिससे भाग रहे हो, वही तुम हो। थकान उसी दिन मिटेगी जिस दिन रुक जाओगे और पूछोगे – 'मैं कौन हूँ?'"

– **आचार्य प्रशांत**, बोधसत्र, नई दिल्ली

"All of humanity's problems stem from man's inability to sit quietly in a room alone."

– **Blaise Pascal**, Pensées, Fragment 139

"जो जीवन परखा न जाए – वह जीवन जीने योग्य नहीं।"

– **सुकरात (यूनानी दार्शनिक)**

□ **आत्म-परीक्षण**

9. वह 'खालीपन' – जो कभी-कभी आता है – आप उसके साथ क्या करते हैं? भागते हैं या बैठते हैं?
10. आपके जीवन में भागने के सबसे बड़े साधन क्या हैं? मोबाइल? काम? खाना? कुछ और?
11. क्या आपने कभी उस खालीपन के साथ – बिना किसी distraction के – पाँच मिनट बिताए?
12. अगर आज रात सब distraction बंद हो जाए – तो भीतर से क्या आवाज़ आएगी?

भाग २

अद्वैत की ओर – जागरण

अध्याय ४

अद्वैत क्या है?

एक क्रांति जो दिखती नहीं

– ॐ –

एक बार एक शिष्य ने गुरु से पूछा – 'महाराज, मोक्ष क्या है?' गुरु ने उलटा पूछा – 'तू बंधा कहाँ है?' शिष्य ने इधर-उधर देखा। कोई जंज़ीर नहीं थी। कोई पिंजरा नहीं था। वह चुप हो गया।

गुरु ने कहा – 'यही अद्वैत है।' तुम कभी बंधे ही नहीं थे। बंधन केवल एक विचार था। जिस दिन वह विचार गया – मुक्ति है। लेकिन यह मुक्ति 'पाई' नहीं जाती – क्योंकि वह पहले से ही है।

अद्वैत – शब्द का अर्थ, सिद्धान्त का सार

'अद्वैत' – 'न दो'। अर्थात् एक। आदि शंकराचार्य (७८८-८२० ई.) ने इस दर्शन को पुनर्प्रतिष्ठित किया।

> ब्रह्म सत्यं जगन्मिथ्या जीवो ब्रह्मैव नापरः।
>
> **अर्थ:** ब्रह्म ही एकमात्र सत्य है। जगत् मिथ्या है। जीव ब्रह्म से भिन्न नहीं है। – शंकराचार्य

ब्रह्म सत्यम् – वह जो सदा है, सदा था, सदा रहेगा। वह जो परिवर्तन से परे है।

जगत् मिथ्या – संसार 'झूठ' नहीं है। मिथ्या का अर्थ है – जो है, पर जितना दिखता है उतना नहीं है। जैसे सपना।

जीवो ब्रह्मैव नापरः – और सबसे बड़ा सत्य: तुम ब्रह्म हो। तुम्हारी आत्मा और वह परम सत्ता – एक हैं।

एक सरल प्रयोग – सोने का उदाहरण

सोने से बनी अनेक वस्तुएँ – अंगूठी, हार, कड़ा, मूर्ति। सब अलग-अलग नाम-रूप। लेकिन सब सोना। इसी तरह – तुम, मैं, वह पेड़, वह पहाड़, वह तारा – सब अलग-अलग नाम-रूप। लेकिन सब में एक ही चेतना है। वह चेतना ही ब्रह्म है। तुम वही हो।

» विविध परंपराओं के स्वर

"यह जो भीतर चेतना है – वह कोई टुकड़ा नहीं, वही समस्त अस्तित्व है।"

– अद्वैत दृष्टि

"अयं आत्मा ब्रह्म – यह जो भीतर की चेतना है, वही विराट ब्रह्म है। दोनों में कोई अंतर नहीं।"

– **रमण महर्षि**, उपदेश सार, श्लोक २९

□ **आत्म-परीक्षण**

13. अद्वैत का कोई एक पहलू जो आपको सबसे अधिक चुनौती देता है – वह क्या है और क्यों?

14. कोई एक व्यक्ति जिसे आप पसंद नहीं करते – क्या उसमें कोई एक गुण है जो आपमें भी है?

15. प्रेम की वह गहरी अनुभूति – जब किसी के साथ 'दो' नहीं 'एक' लगे – वह कब महसूस हुई?

अध्याय ५

मैं कौन हूँ?

सबसे पुराना और सबसे ज़रूरी प्रश्न

– ॐ –

सोलह वर्ष का एक लड़का दुई के एक घर में अचानक फर्श पर लेट गया। वह साँस रोककर लेट गया। उसने सोचा – 'मान लो मैं मर गया।' शरीर अकड़ गया। उसने भीतर से देखा – 'शरीर मर रहा है। लेकिन जो देख रहा है – वह कौन है?' वह देखनेवाला नहीं मरा। उस एक अनुभव में उस लड़के को आत्मज्ञान हो गया। वह लड़का था – रमण महर्षि।

नेति-नेति – 'यह नहीं, यह नहीं'

उपनिषद एक विधि बताते हैं – नेति-नेति। 'यह नहीं, यह नहीं।'

मैं शरीर नहीं हूँ – क्योंकि शरीर बदलता है। लेकिन जो जानता है कि 'शरीर दर्द में है' – वह दर्द में नहीं है।

मैं मन नहीं हूँ – क्योंकि मन भी बदलता है। लेकिन जो देखता है कि 'मन उदास है' – वह उदास नहीं है।

मैं बुद्धि नहीं हूँ – क्योंकि बुद्धि के निर्णय गलत भी होते हैं। लेकिन जो देखता है – वह इससे परे है।

तो फिर 'मैं' क्या हूँ? वह जो देखता है। वह जो जानता है। वह साक्षी। वह चेतना।

> नायं हन्ति न हन्यते।
>
> **अर्थ:** यह (आत्मा) न मारती है, न मरती है। – भगवद्गीता २.१९

> अहं ब्रह्मास्मि।
>
> **अर्थ:** मैं ब्रह्म हूँ। – बृहदारण्यक उपनिषद १.४.१०

» विविध परंपराओं के स्वर

"विचारो – 'मैं कौन हूँ?' यह एक प्रश्न नहीं, तलवार है। यह तलवार अहंकार को काट देती है और जो शेष रहता है – वही तुम हो।"

– **रमण महर्षि**, नान्यार् (Who am I?)

"स्वयं को जानो।"

– **सुकरात**

"I am not this hair, I am not this skin – I am the soul that lives within."

– **Rumi (जलालुद्दीन रूमी)**, Masnavi, Book I

□ **आत्म-परीक्षण**

16. अभी, इसी क्षण – वह कौन है जो यह पढ़ रहा है? क्या वह बचपन से आजतक बदला?
17. 'नेति-नेति' का अभ्यास: पाँच मिनट बैठकर एक-एक चीज़ को हटाओ – शरीर, मन, नाम। जो बचे, उसे महसूस करो।
18. किस क्षण में आपने महसूस किया कि 'मैं' इन सब labels से परे हूँ?

अध्याय ६

माया – वह जो दिखती है पर है नहीं

– ॐ –

रात को एक व्यक्ति रस्सी पर पैर रख देता है। वह चीख उठता है – साँप! दिल की धड़कन बढ़ जाती है। पसीना आता है। वह कूदकर दूर भागता है। किसी ने दीपक जलाया। रोशनी हुई। रस्सी थी। यही माया है।

माया का सटीक दर्शन

पारमार्थिक सत्य: केवल ब्रह्म। अपरिवर्तनीय, शाश्वत।

व्यावहारिक सत्य: संसार – जो हम अनुभव करते हैं। यह सत्य है – जब तक अज्ञान है।

प्रातिभासिक सत्य: स्वप्न जैसा – जो अनुभव में है पर वास्तव में नहीं।

माया – संसार व्यावहारिक स्तर पर सत्य है। लेकिन तुमने उसे पारमार्थिक सत्य मान लिया है। यही भ्रम है।

एक विचार – क्या सत्य दो हो सकते हैं?

शंकराचार्य का द्विसत्य का ढाँचा एक सीढ़ी की तरह है – जो साधक को क्रमशः ऊपर ले जाती है। पहले व्यावहारिक को समझो,

फिर पारमार्थिक में प्रवेश करो। यह शिक्षण की एक विधि है। पर मेरे मन में एक प्रश्न बार-बार उठता है –

"सत्य, सत्य होता है – सत्य दो नहीं हो सकते।"

जो व्यावहारिक है – वह भी ब्रह्म का ही विस्तार है, या नहीं? यदि ब्रह्म ही एकमात्र सत्य है, तो व्यावहारिक को 'अलग सत्य' कहना – क्या यह भी एक और भेद नहीं? सत्य में भेद नहीं होता। जो 'दो' दिखे – वह अभी पूरी तरह देखा नहीं गया।

शंकराचार्य का व्यावहारिक सत्य – अज्ञान के लिए एक औजार है। वह कहते हैं: जब तक जागे नहीं, तब तक संसार सत्य जैसा लगेगा – और उस स्तर पर उससे व्यवहार करो। लेकिन यह व्यावहारिक सत्य कोई स्वतंत्र सत्य नहीं – यह केवल अधूरी दृष्टि का नाम है। जैसे रस्सी को साँप देखना – उस क्षण साँप 'व्यावहारिक सत्य' है। पर साँप था नहीं।

तो फिर व्यावहारिक और पारमार्थिक – ये दो सत्य नहीं, बल्कि एक ही सत्य के दो दृष्टिकोण हैं। एक – अज्ञान से देखा हुआ। दूसरा – ज्ञान से देखा हुआ। सत्य वही है। दृष्टि बदलती है, सत्य नहीं।

अहंकार – और कुछ नहीं, बस एक भूल

यदि सत्य एक ही है – तो फिर संसार में जो 'अनेकता' दिखती है, वह क्या है? यह अहंकार की संरचना है। अहंकार वह भूल है जो सत्य को खंडित दिखाती है। वह वास्तविक है – एक भूल के रूप में – पर भूल, भूल ही रहती है।

शरीर है – हाँ। संसार दिखता है – हाँ। कर्म होते हैं – हाँ। पर यह 'व्यावहारिक सत्य' किसी गहरे पारमार्थिक सत्य को नहीं ढकता – यह केवल अहंकार की वह संरचना है जिसे हमने सत्य मान लिया है। और यही माया का अर्थ है।

तो साधना क्या है? साधना का अर्थ – इस अहंकार को देखना। जब-जब अहंकार अपना खेल खेले – उसे पहचानना। और उस पहचान में ही उसकी पकड़ ढीली पड़ने लगती है। यह कोई सीढ़ीदार यात्रा नहीं है – यह हर क्षण की जागरूकता है। रैखिक नहीं, जीवन भर चलने वाली।

> *"दो सत्य नहीं – एक ही सत्य है। अज्ञान में वह खंडित दिखता है, ज्ञान में अखंड। दृष्टि बदलती है, सत्य नहीं।"*
>
> *– शुभम अद्वैत*

आधुनिक माया – नए रूप

आज की माया मंदिर में नहीं, मोबाइल स्क्रीन में है। तुम्हारा Instagram feed तुम्हें दिखाता है – दूसरे कितने खुश हैं। और तुम अपने जीवन को उससे तुलना करते हो – और दुखी होते हो। वह feed झूठी नहीं है – उन तस्वीरों में वे लोग वाकई थे। लेकिन तुमने उसे 'उनका पूरा जीवन' मान लिया। यही माया है।

माया से मुक्ति – क्या संसार छोड़ना होगा?

माया से मुक्ति का अर्थ संसार छोड़ना नहीं है। माया से मुक्ति का अर्थ है – संसार को जानते हुए उसमें रहना। जैसे कमल कीचड़

में रहता है पर भी गतनहीं। जनक राजा थे – और ज्ञानी भी। यह अद्वैत का जीवन है।

□ **आत्म-परीक्षण**

19. आपके जीवन में 'रस्सी को साँप' मानने की कोई घटना – जब भय व्यर्थ निकला?
20. आपकी 'मैं ऐसा इंसान हूँ' वाली कहानी क्या है? क्या वह सच है – या माया?
21. सोशल मीडिया देखते समय अगली बार एक प्रश्न पूछो: 'यह मुझे क्या महसूस करा रहा है?'

अध्याय ७

गुरु – अंधेरे में दीपक

– ॐ –

सन् 2014। अलीगढ़ रोडवेज दफ्तर। एक युवक की मुलाकात होती है एक वरिष्ठ कर्मचारी – श्री मुकेश बाबू – से। उनकी आँखों में कुछ था – एक शांति, एक गहराई – जो उस युवक ने पहले कहीं नहीं देखी थी। उन्होंने एक पुस्तक भेंट की। वह पुस्तक एक द्वार थी। वह वरिष्ठ कर्मचारी उस युवक के पहले मनुष्य-गुरु थे – बिना 'गुरु' का नाम लिए।

> गुरुर्ब्रह्मा गुरुर्विष्णुः गुरुर्देवो महेश्वरः। गुरुः साक्षात् परब्रह्म तस्मै श्री गुरवे नमः।
>
> **अर्थ:** गुरु ब्रह्मा हैं – रचते हैं। गुरु विष्णु हैं – संरक्षण करते हैं। गुरु महेश्वर हैं – पुराने भ्रमों को मिटाते हैं। गुरु साक्षात् परब्रह्म हैं।

असली गुरु की पहचान

पहली पहचान: असली गुरु तुम्हें अपने पर निर्भर नहीं बनाता – बल्कि तुम्हें स्वतंत्र बनाता है।

दूसरी पहचान: वह तुम्हारी बात सुनकर सच बताता है। सच अक्सर असुविधाजनक होता है।

तीसरी पहचान: उसके पास रहने से तुम्हारे भीतर प्रश्न बढ़ते हैं – उत्तर नहीं।

चौथी पहचान: उसका जीवन और उसकी शिक्षा में भेद नहीं होता।

जब गुरु न मिले – जीवन ही गुरु है

तुम्हारी असफलता तुम्हारी गुरु है – वह बताती है कि तुम्हारा कोई भ्रम था। तुम्हारा दर्द गुरु है – वह बताता है कि कहाँ आसक्ति थी। तुम्हारा क्रोध गुरु है – वह दिखाता है कि अहंकार कहाँ था। बस – यह सुनने की क्षमता चाहिए।

» विविध परंपराओं के स्वर

"गुरु बिन ज्ञान न होई। गुरु की कृपा ही वह दर्पण है जिसमें आत्मा का दर्शन होता है।"

– गुरु नानक देव जी, श्री गुरु ग्रंथ साहिब

"किसी को भी बाहर से कुछ नहीं सिखाया जा सकता – केवल उसे भीतर खोजने में सहायता की जा सकती है।"

– एक कालजयी शिक्षा-विचार

"जब शिष्य तैयार होता है – गुरु प्रकट होते हैं। जब शिष्य सच में तैयार होता है – गुरु अंतर्धान हो जाते हैं।"

– एक प्राचीन प्रज्ञा-वचन

□ **आत्म-परीक्षण**

22. आपके जीवन में कौन 'गुरु' रहा है – मनुष्य, पुस्तक, या परिस्थिति?
23. आपने जो सबसे बड़ा दर्द झेला – उसने आपको क्या सिखाया?
24. अपनी पिछली एक बड़ी असफलता को 'गुरु' की तरह देखें – उसने क्या कहा?

भाग ३

महावाक्य और श्लोक – शब्दों से परे का बोध

अध्याय ८

उपनिषदों के महावाक्य

– ॐ –

उपनिषद – 'उप' (निकट), 'नि' (नीचे), 'पद्' (बैठना)। अर्थात् गुरु के पास, नीचे बैठकर, जो ज्ञान प्राप्त किया गया – वह उपनिषद। यह ज्ञान किताब में नहीं था। यह गुरु के मुख से, प्रेम से, सही समय पर दिया जाता था। और उन सब उपनिषदों का सार – कुछ महावाक्यों में है।

दस प्रमुख महावाक्य

१. प्रज्ञानम् ब्रह्म

> प्रज्ञानम् ब्रह्म।
>
> **अर्थ:** चेतना ही ब्रह्म है। – ऐतरेय उपनिषद, ऋग्वेद

यह सबसे सरल और सबसे गहरामहावाक्य है। जो जानता है, जो अनुभव करता है – वह चेतना – वही ब्रह्म है।

२. अहम् ब्रह्मास्मि

> अहं ब्रह्मास्मि।
>
> **अर्थ:** मैं ब्रह्म हूँ। – बृहदारण्यक उपनिषद, यजुर्वेद

यह एक घोषणा नहीं, एक अनुभव है। जब अहंकार का 'मैं' मिट जाता है – जो बचता है वह ब्रह्म है।

३. तत्वमसि

> तत्वमसि।
>
> **अर्थ:** वह तुम हो। – छांदोग्य उपनिषद, सामवेद

उद्दालक ने अपने पुत्र श्वेतकेतु को नौ बार अलग-अलग उदाहरणों से समझाया – और हर बार यही निष्कर्ष: 'तत्वमसि श्वेतकेतो।' वह परम सत्य – वह तुम हो।

४. सर्वं खल्विदम् ब्रह्म

> सर्वं खल्विदम् ब्रह्म।
>
> **अर्थ:** यह सब कुछ ब्रह्म ही है। – छांदोग्य उपनिषद ३.१४.१

केवल तुम नहीं – वह पेड़, वह आकाश, वह पत्थर, वह शत्रु – सब ब्रह्म। जब यह सच में दिखे – तो घृणा का कोई स्थान नहीं बचता।

> असतो मा सद्गमय। तमसो माज्योतिर्गमय। मृत्योर्मामृतं गमय।
>
> **अर्थ:** असत से सत की ओर, अंधकार से प्रकाश की ओर, मृत्यु से अमृत की ओर ले जाओ। – बृहदारण्यक उपनिषद १.३.२८

□ **आत्म-परीक्षण**

25. इन महावाक्यों में से कौन-सा आपको सबसे अधिक छूता है – और क्यों?

26. 'सोऽहम्' – आज पाँच मिनट केवल साँसों के साथ यह महसूस करें।

27. महावाक्य को केवल कंठस्थ करने और उसे जीवन में उतारने में क्या अंतर है?

महावाक्यों की गहराई में – अनुभव का मार्ग

महावाक्य केवल शब्द नहीं हैं – ये अनुभव के संकेत हैं। जैसे कोई नक्शा मंज़िल नहीं होता, वैसे ही महावाक्य ब्रह्म नहीं हैं – वे उस दिशा में उँगली उठाते हैं। असली प्रश्न यह है: क्या तुम उँगली देखते हो, या जिस दिशा में उँगली उठी है, वहाँ देखते हो?

५. अयम् आत्मा ब्रह्म – भीतर का विराट

माण्डूक्य उपनिषद का यह महावाक्य सबसे सीधा और सबसे चुनौतीपूर्ण है – 'यह जो भीतर की चेतना है, यही ब्रह्म है।' इसका अर्थ यह नहीं कि तुम्हारा शरीर ब्रह्म है, या तुम्हारे विचार ब्रह्म हैं। इसका अर्थ है – वह जो इन सबको देख रहा है, जो इन सबसे पहले है, जो इन सबके बाद भी शेष रहेगा – वही ब्रह्म है।

मेरे अपने जीवन में एक दिन – रोडवेज के दफ्तर में बहुत भीड़ थी, यात्री चिल्ला रहे थे, फाइलें अटकी थीं। उस शोर के बीच एक पल ऐसा आया जब मैंने महसूस किया – यह सब देखने वाला कोई है जो इस

शोर में नहीं है। वह शांत था। अखंड था। वह 'मैं' जो परेशान था – वह अलग था। और वह जो देख रहा था – वह ब्रह्म था।

'तत्वमसि' – एक व्यक्तिगत अनुभव

एक बार मैं रात में आकाश देख रहा था। तारे थे, अनगिनत। तब मन में एक विचार उठा – 'इन तारों और मेरे बीच क्या अंतर है?' वैज्ञानिक कहते हैं – हमारे शरीर में वही तत्व हैं जो तारों में हैं। उपनिषद और भी गहरे जाते हैं – वह चेतना जो उन्हें देख रही है, और वह चेतना जो इस संपूर्ण ब्रह्माण्ड को चला रही है – एक ही है। 'तत्वमसि' – वह परम सत्य, वह तुम हो।

उद्दालक ने श्वेतकेतु को नमक और पानी का उदाहरण दिया था – नमक पानी में घुल जाता है, दिखता नहीं, पर होता है। वैसे ही ब्रह्म सब में व्याप्त है, दिखता नहीं, पर है। और तुम उससे अलग नहीं हो। इस एक बोध से जीवन की हर समस्या का दृष्टिकोण बदल जाता है।

महावाक्य और दैनिक जीवन – श्रवण, मनन, निदिध्यासन

महावाक्यों की साधना का अर्थ है – इन्हें जीवन की हर परिस्थिति में कसौटी बनाना। जब कोई अपमान करे – रुककर पूछो: 'यह जो अपमानित महसूस कर रहा है – क्या यही मैं हूँ? या मैं वह हूँ जो इसे देख रहा है?' यह एक पल का अभ्यास – यही वेदांत की साधना है।

आचार्य प्रशांत कहते हैं – 'श्रवण, मनन और निदिध्यासन।' पहले महावाक्य सुनो (श्रवण), फिर उन पर गहराई से विचार करो (मनन), और फिर उन्हें जीवन में उतारो (निदिध्यासन)। यह तीन चरणों की यात्रा – किसी भी एक महावाक्य से शुरू हो सकती है।

निर्वाणषट्कम् की गहराई – शिव की घोषणा

आदि शंकराचार्य ने निर्वाणषट्कम् में एक के बाद एक सब कुछ नकारते हुए पूछा – 'मैं मन नहीं हूँ, बुद्धि नहीं हूँ, अहंकार नहीं हूँ, चित्त नहीं हूँ। मैं पंचतत्व नहीं हूँ। मैं इंद्रियाँ नहीं हूँ।' और अंत में घोषणा: 'चिदानंदरूपः शिवोऽहम् शिवोऽहम्।' – मैं चेतना और आनंद का स्वरूप हूँ, मैं शिव हूँ।

यह 'नेति-नेति' की साधना है। जब तक हम सब 'मैं नहीं हूँ' को नहीं हटाते – असली 'मैं' दिखता नहीं। जैसे मूर्ति को पत्थर में से निकालने के लिए जो ज़रूरी नहीं है, उसे हटाते जाते हैं – वैसे ही साधक वह सब हटाता जाता है जो वह नहीं है। जो शेष बचता है – वही सत्य है।

अध्याय ९

भगवद्गीता

अर्जुन का संकट, हमारा संकट

– ॐ –

गीता को हम बहुत ऊँचा उठा देते हैं – इतना ऊँचा कि वह हमारी पहुँच से बाहर हो जाती है। हम उसे पूजते हैं, उस पर हाथ रखकर शपथ लेते हैं। लेकिन उसे जीते नहीं।

अर्जुन का विषाद – नकली समस्या नहीं, असली मनुष्य

पहले अध्याय में अर्जुन विषाद में है। हम इसे 'कमज़ोरी' की तरह पढ़ते हैं। लेकिन यह कमज़ोरी नहीं – यह मनुष्यता है। यह वह क्षण है जब एक मनुष्य के भीतर कुछ टूटता है – और इसी टूटन से, इसी दरार से, प्रकाश भीतर आता है।

'मैं उनका भाई हूँ, मैं उनका शिष्य हूँ, मैं उनका पौत्र हूँ' – यह 'मैं' डूब रहा था। और यही प्रश्न कृष्ण को खींचलाया।

कर्मयोग – सबसे गलत समझागया सिद्धांत

> **कर्मण्येवाधिकारस्ते मा फलेषु कदाचन। मा कर्मफलहेतुर्भूर्मा ते सङ्गोऽस्त्वकर्मणि।**

> **अर्थ:** तुम्हारा अधिकार केवल कर्म पर है, फल पर कभी नहीं। फल को कर्म का कारण मत बनाओ। – भगवद्गीता २.४७

फल की आसक्ति बिना कर्म का अर्थ – लापरवाही नहीं है। इसका अर्थ है: कर्म इतनी पूर्णता से करो, इतनी उपस्थिता से करो, कि परिणाम की चिंता के लिए मन में जगह न बचे।

'साक्षीभाव' – गीता का केंद्रीय उपहार

साक्षी – अर्थात् देखनेवाला।

जब क्रोध आए – साक्षी बनो: 'क्रोध हो रहा है।' 'मैं क्रोधित हूँ' नहीं।

जब भय आए – साक्षी बनो: 'भय है।' 'मैं डरा हुआ हूँ' नहीं।

जब सफलता आए – साक्षी बनो: 'यह हुआ।' 'मैंने किया' नहीं।

□ आत्म-परीक्षण

28. आपके जीवन में अभी कौन-सा 'कुरुक्षेत्र' है – वह निर्णय जो ज़रूरी है पर जिससे आप भाग रहे हैं?
29. कोई एक कर्म जो आप 'साक्षी भाव' से करना चाहते हैं – फल की आसक्ति छोड़कर?
30. कृष्ण का अंतिम प्रश्न – 'क्या तुम्हारा मोह नष्ट हुआ?' – आपका उत्तर क्या है?

गीता के अठारह अध्याय – एक साधक की दृष्टि से

गीता के अठारह अध्याय अठारह अलग-अलग योग नहीं हैं – वे एक ही यात्रा के अठारह पड़ाव हैं। अर्जुन विषाद से शुरू होता है और समर्पण पर समाप्त होता है। यही हर साधक की यात्रा है – पहले टूटना, फिर प्रश्न, फिर उत्तर की खोज, और अंत में समर्पण।

ज्ञानयोग – 'मैं कौन हूँ?' का उत्तर

गीता का दूसरा अध्याय ज्ञानयोग का सार है। कृष्ण कहते हैं – 'नैनं छिन्दन्ति शस्त्राणि' – इसे शस्त्र नहीं क़ाट सकते, अग्नि नहीं जला सकती, जल नहीं भिगो सकता, वायु नहीं सुखा सकती। यह 'यह' क्या है? यह वह चेतना है जो तुम हो। शरीर मरता है – तुम नहीं मरते। यह बोध जब सच में होता है – तो मृत्यु का भय, अपमान का भय, हानि का भय – सब शांत हो जाते हैं।

मेरे जीवन में एक समय ऐसा आया जब नौकरी में अनिश्चितता थी, घर में तनाव था। उस समय गीता के इस श्लोक ने सहारा दिया। मैंने सोचा – जो मैं हूँ, वह इस नौकरी से बड़ा है। इस तनाव से बड़ा है। जो अखंड है, उसे ये परिस्थितियाँ छू नहीं सकतीं। यह विचार साधना नहीं था – यह जीवनरेखा थी।

भक्तियोग – प्रेम की भाषा में अद्वैत

गीता का बारहवाँ अध्याय भक्तियोग है। कृष्ण कहते हैं – जो मुझसे प्रेम करता है, जो सब में मुझे देखता है, जो किसी से द्वेष नहीं रखता – वह मुझे प्रिय है। यह भक्ति और अद्वैत का मिलन है। जब हम सब में एक ही चेतना देखते हैं – तो शत्रु कौन? ईर्ष्या किससे? यही भक्तियोग की परिणति है।

अर्जुन का विषाद – हमारे जीवन का दर्पण

अर्जुन का संकट केवल युद्ध का संकट नहीं था – वह पहचान का संकट था। 'मैं कौन हूँ? पुत्र? योद्धा? शिष्य?' जब ये सब 'मैं' एक-दूसरे से टकराते हैं – तब विषाद होता है। यही हमारे जीवन में भी होता है। जब घर का 'मैं' और दफ्तर का 'मैं' टकराते हैं, जब समाज का 'मैं' और अंदर का 'मैं' अलग-अलग दिशाओं में खिंचते हैं – तब हमारा विषाद शुरू होता है।

गीता का उत्तर यह नहीं है कि 'लड़ो और जीतो।' गीता का उत्तर है – 'पहले यह जानो कि तुम कौन हो।' जब यह पता चलता है, तो निर्णय अपने आप स्पष्ट हो जाते हैं। यही कारण है कि गीता का पहला अध्याय समस्या है और बाकी सत्रह अध्याय उस एक समस्या का उत्तर – 'मैं कौन हूँ?'

स्थितप्रज्ञ – वह अवस्था जो हर साधक का लक्ष्य है

अर्जुन ने कृष्ण से पूछा – 'स्थितप्रज्ञ कैसा होता है? वह कैसे बैठता है, कैसे चलता है, कैसे बोलता है?' कृष्ण का उत्तर गीता के सबसे सुंदर श्लोकों में है – 'दुःखेष्वनुद्विग्नमनाः सुखेषु विगतस्पृहः' – दुख में जिसका मन व्याकुल नहीं होता, सुख में जिसे लालसा नहीं होती – वह स्थितप्रज्ञ है।

यह कोई भावशून्य अवस्था नहीं है। स्थितप्रज्ञ रोता भी है, हँसता भी है – लेकिन उसका केंद्र नहीं हिलता। जैसे दीपक की लौ हवा में कँपती है पर बुझती नहीं – वैसे ही स्थितप्रज्ञ संसार में रहता है पर संसार उसे डुबोता नहीं। मेरे अपने जीवन में जब भी मैंने 'साक्षी' बनने की कोशिश

की – उस पल में एक अजब सा ठहराव आया। वही स्थितप्रज्ञता का एक क्षण था।

गीता का अंतिम संदेश – सर्वधर्मान् परित्यज्य

गीता का सबसे अंतिम और सबसे क्रांतिकारी श्लोक है – 'सर्वधर्मान् परित्यज्य मामेकं शरणं व्रज।' सब धर्मों को छोड़कर केवल मेरी शरण में आ जाओ। यह 'सब धर्मों को छोड़ने' का अर्थ धर्म-विरोध नहीं है। इसका अर्थ है – सभी बाहरी आश्रयों को, सभी अहंकार के सहारों को छोड़ दो। 'मैं बड़ा ब्राहमण हूँ', 'मैं धार्मिक हूँ', 'मैंने इतने व्रत किए' – यह सब धर्म के नाम पर अहंकार है। इसे छोड़कर सीधे उस चेतना में समा जाओ – यही गीता का सार है।

और कृष्ण अंत में अर्जुन से पूछते हैं – 'क्या तुम्हारा मोह नष्ट हुआ? क्या तुम्हारी बुद्धि स्थिर हुई?' यह प्रश्न हर साधक से है। गीता पढ़ने के बाद, सुनने के बाद – क्या कुछ बदला? यदि नहीं – तो फिर से शुरू करो। यदि हाँ – तो और गहरे जाओ।

अध्याय १०

शंकराचार्य

वह व्यक्ति जिसने ३२ वर्षों में भारत को जगाया

– ॐ –

७८८ ईस्वी। केरल के एक छोटे से गाँव कालडी में एक ब्राह्मण का जन्म हुआ। आठ वर्ष की आयु में वेदों का अध्ययन पूर्ण। सोलह वर्ष में सभी शास्त्रों में पारंगत। अट्ठारह वर्ष में ब्रह्म-सूत्र पर भाष्य। बत्तीस वर्ष की अल्पायु में देहावसान – लेकिन इन बत्तीस वर्षों में उन्होंने वह किया जो शायद किसी और ने नहीं किया।

पूरे भारत को एकता के सूत्र में पिरोया, बौद्ध दर्शन से टकराए, उपनिषदों को पुनर्जीवित किया, और अद्वैत वेदांत को वह स्वरूप दिया जो आज भी जीवित है।

निर्वाणषट्कम् – आत्मा की घोषणा

> मनो बुद्ध्यहंकारचित्तानिनाहं न च श्रोत्रजिह्वे। न च व्योम-भूमिर्
> न तेजो न वायुः चिदानन्दरूपः शिवोऽहं शिवोऽहम्।
>
> **अर्थ:** मैं मन नहीं, बुद्धि नहीं, अहंकार नहीं। मैं कान नहीं, जीभ नहीं। मैं आकाश नहीं, पृथ्वी नहीं। मैं चिदानन्दरूप शिव हूँ।

भजगोविन्दम् – मृत्यु का स्मरण

> **भज गोविन्दं भज गोविन्दं भज गोविन्दं मूढ़मते। सम्प्राप्ते सन्निहिते काले नहि नहि रक्षति डुकृङ्करणे।**
>
> **अर्थ:** हे मूर्खमन! गोविंद का भजन कर। मृत्यु का समय आने पर व्याकरण के सूत्र काम नहीं आएँगे।

शंकराचार्य कहते हैं: तुम सारी उम्र ज्ञान इकट्ठा करते रहे, डिग्रियाँ बटोरते रहे – लेकिन जो एकमात्र ज़रूरी था, वह नहीं किया। जब मृत्यु आएगी – तो तुम्हारे पास क्या होगा?

निर्वाण षट्कम् – छः श्लोकों में अपना परिचय

आदि शंकराचार्य ने इस स्तोत्र की रचना तब की जब वे बालक थे और गुरु गोविंदपाद ने उनसे पूछा – 'तुम कौन हो?' यह छः श्लोक उस प्रश्न का उत्तर हैं। और यह उत्तर केवल शंकराचार्य का नहीं – हर मनुष्य का उत्तर है, जब वह अपने भीतर गहरे उतरे। इसका सार यह है: जो कुछ भी दिखता है, सुनाई देता है, महसूस होता है, सोचा जाता है – वह 'मैं' नहीं हूँ। जो शेष बचता है – वही मैं हूँ।

श्लोक १ – मन, बुद्धि, अहंकार नहीं हूँ

मनो बुद्ध्यहङ्कारचित्तानि नाहं न च श्रोत्रजिह्वे न च घ्राणनेत्रे। न च व्योम भूमिर्न तेजो न वायुः चिदानन्दरूपः शिवोऽहं शिवोऽहम्।

अर्थ: मैं मन नहीं हूँ, बुद्धि नहीं, अहंकार नहीं, चित्त नहीं। मैं कान नहीं, जीभ नहीं, नाक नहीं, आँखें नहीं। मैं आकाश नहीं, पृथ्वी नहीं, अग्नि नहीं, वायु नहीं। मैं चेतना और आनंद का स्वरूप हूँ – मैं शिव हूँ, मैं शिव हूँ।

यह श्लोक हमें बताता है – जो बदलता रहता है, वह 'मैं' नहीं हो सकता। मन बदलता है, विचार बदलते हैं, इंद्रियाँ बदलती हैं। जो नहीं बदलता – वह जानने वाला, देखने वाला – वही असली 'मैं' है।

श्लोक २ – प्राण, सप्तधातु, पंचकोश नहीं हूँ

न च प्राणसंज्ञो न वै पञ्चवायुः न वा सप्तधातुर्न वा पञ्चकोशः। न वाक्पाणिपादौ न चोपस्थपायू चिदानन्दरूपः शिवोऽहं शिवोऽहम्।

अर्थ: मैं प्राण नहीं हूँ, पाँच वायु नहीं हूँ। मैं सात धातुओं का शरीर नहीं हूँ, पाँच कोशों का समूह नहीं हूँ। मैं वाणी नहीं, हाथ-पैर नहीं। मैं चेतना और आनंद का स्वरूप हूँ – मैं शिव हूँ।

वेदांत में पंचकोश की अवधारणा है – अन्नमय, प्राणमय, मनोमय, विज्ञानमय, आनंदमय। हम इनमें से किसी एक को 'मैं' मान लेते हैं। शंकराचार्य कह रहे हैं – इनमें से कोई भी 'मैं' नहीं। मैं तो इन सबका साक्षी हूँ।

श्लोक ३ – राग, द्वेष, लोभ, मोह नहीं हूँ

न मे द्वेषरागौ न मे लोभमोहौ मदो नैव मे नैव मात्सर्यभावः। न धर्मो न चार्थो न कामो न मोक्षः चिदानन्दरूपः शिवोऽहं शिवोऽहम्।

अर्थ: मुझे न द्वेष है, न राग। न लोभ है, न मोह। न घमंड है, न ईर्ष्या। न मैं धर्म हूँ, न अर्थ, न काम, न मोक्ष। मैं चेतना और आनंद का स्वरूप हूँ – मैं शिव हूँ।

यह श्लोक सबसे क्रांतिकारी है। शंकराचार्य यहाँ मोक्ष को भी 'मैं नहीं' कह रहे हैं। जो मोक्ष की इच्छा करता है – वह भी अहंकार है। जब मोक्ष की इच्छा भी नहीं रहती, तब जो है – वही मुक्ति है।

श्लोक ४ – पुण्य-पाप, सुख-दुख नहीं हूँ

न पुण्यं न पापं न सौख्यं न दुःखं न मन्त्रो न तीर्थं न वेदा न यज्ञाः।
अहं भोजनं नैव भोज्यं न भोक्ता चिदानन्दरूपः शिवोऽहं शिवोऽहम्।

अर्थ: मैं न पुण्य हूँ, न पाप। न सुख हूँ, न दुख। न मंत्र हूँ, न तीर्थ, न वेद, न यज्ञ। मैं न भोजन हूँ, न भोजन करने योग्य वस्तु, न भोजन करने वाला। मैं चेतना और आनंद का स्वरूप हूँ – मैं शिव हूँ।

यहाँ शंकराचार्य कर्मकांड को भी 'मैं नहीं' कह रहे हैं – तीर्थ नहीं, वेद नहीं, यज्ञ नहीं। इसका अर्थ यह नहीं कि ये व्यर्थ हैं। इसका अर्थ है – ये साधन हो सकते हैं, लेकिन ये 'मैं' नहीं हैं। यही कर्मकांड से अद्वैत की यात्रा है।

श्लोक ५ – मृत्यु, भय, जाति, माता-पिता नहीं हूँ

न मृत्युर्न शङ्का न मे जातिभेदः पिता नैव मे नैव माता न जन्म। न बन्धुर्न मित्रं गुरुर्नैव शिष्यः चिदानन्दरूपः शिवोऽहं शिवोऽहम्।

अर्थ: मुझे न मृत्यु का भय है, न संशय। मेरी कोई जाति नहीं, न पिता है न माता, न जन्म है। न बंधु है, न मित्र, न गुरु, न शिष्य। मैं चेतना और आनंद का स्वरूप हूँ – मैं शिव हूँ।

यह श्लोक जाति-व्यवस्था पर सीधा प्रहार है। जब मैं 'शिव' हूँ – तो कौन ब्राह्मण, कौन शूद्र? यह बोध जब सच में होता है – तो न भेद रहता है, न भय।

श्लोक ६ – निराकार, सर्वव्यापी, सर्वसाक्षी हूँ

अहं निर्विकल्पो निराकाररूपो विभुत्वाच्च सर्वत्र सर्वेन्द्रियाणाम्। न चासङ्गतं नैव मुक्तिर्न मेयः चिदानन्दरूपः शिवोऽहं शिवोऽहम्।

अर्थ: मैं निर्विकल्प हूँ, निराकार हूँ। मैं सर्वव्यापी हूँ, सब इंद्रियों में व्याप्त हूँ। मैं बंधन में नहीं हूँ, मुझे मुक्ति की भी आवश्यकता नहीं – क्योंकि मैं पहले से मुक्त हूँ। मैं चेतना और आनंद का स्वरूप हूँ – मैं शिव हूँ।

अंतिम श्लोक अद्वैत का शिखर है। 'मुझे मुक्ति की आवश्यकता नहीं' – यह कहना सबसे बड़ा साहस है। जो पहले से मुक्त है, उसे मुक्ति खोजनी नहीं पड़ती। यही बोध जीवन का ध्येय है।

भज गोविन्दम् – मृत्यु की याद में जागरण

शंकराचार्य ने काशी में एक वृद्ध पंडित को व्याकरण के सूत्र रटते देखा। उन्हें करुणा आई। उन्होंने पूछा – 'इस उम्र में भी व्याकरण?' और फिर जो वचन निकले – वे भज गोविंदम् बन गए। यह स्तोत्र 'मूढ़मते' – मूर्खमन को संबोधित है। और वह मूर्खमन हम सब में है।

श्लोक २ – धन की माया

अर्थवानर्थं भावय नित्यं नास्ति ततः सुखलेशः सत्यम्। पुत्रादपि धनभाजां भीतिः सर्वत्रैषा विहिता रीतिः।

अर्थ: धन में अनर्थ ही है – यह सत्य है। धन से सुख का एक कण भी नहीं मिलता। धनवान को अपने पुत्र से भी भय रहता है – यही इस संसार की रीति है।

जितना अधिक संग्रह, उतना अधिक भय। यह हम सबके अनुभव में है। धन बढ़ता है तो उसकी रक्षा की चिंता बढ़ती है। यही माया का खेल है।

श्लोक ३ – यौवन, सम्पत्ति, जीवन – सब चला जाता है

यावद्वित्तोपार्जनशक्तिः तावन्निजपरिवारो रक्तः। पश्चाज्जीवति जर्जरदेहे वार्तां कोऽपि न पृच्छति गेहे।

अर्थ: जब तक कमाने की शक्ति है, तब तक परिवार प्रेम करता है। जब शरीर जर्जर हो जाता है, तब घर में कोई हाल नहीं पूछता।

यह निर्ममता से सच है। संसारी प्रेम अधिकतर उपयोगिता पर टिका है। यह सुनकर दुख नहीं होना चाहिए – यह सुनकर जागना चाहिए। जो शाश्वत प्रेम है, वह भीतर है – बाहर खोजना व्यर्थ है।

श्लोक ४ – बालपन, यौवन, वृद्धावस्था – सब स्वप्न

बालस्तावत् क्रीडासक्तः तरुणस्तावत् तरुणीसक्तः।
वृद्धस्तावच्चिन्तासक्तः परमे ब्रह्मणि कोऽपि न सक्तः।

अर्थ: बचपन में खेल में लगा रहा, जवानी में स्त्री-पुरुष में लगा रहा, बुढ़ापे में चिंता में लगा रहा – परमब्रह्म में कोई नहीं लगा।

यह हम सबकी कहानी है। जब मैं अपना जीवन देखता हूँ – बचपन में गाँव की गलियाँ, युवावस्था में कैरियर की दौड़, और अब दायित्वों की चिंता। बीच में कभी रुककर पूछा – 'मैं कौन हूँ?' नहीं। शंकराचार्य कह रहे हैं – अब तो रुको।

माता मदालसा की लोरी – जन्म से ही बोध का बीज

मार्कण्डेय पुराण में राजा ऋतध्वज की पत्नी मदालसा का वर्णन है। वे ज्ञानी थीं – और जब भी उनका पुत्र जन्म लेता, वे उसे यह लोरी सुनाती थीं। यह लोरी संसार की सबसे अद्भुत लोरी है – जिसमें माँ अपने बच्चे को यह नहीं बताती कि 'तुम मेरे बेटे हो, तुम राजकुमार हो' – बल्कि बताती है कि 'तुम शुद्ध हो, बुद्ध हो, निरंजन हो।'

शुद्धोऽसि बुद्धोऽसि निरञ्जनोऽसि संसारमाया परिवर्जितोऽसि।
संसारस्वप्नं त्यज मोहनिद्रां मदालसोवाच शिशुं स्वपुत्रम्।

अर्थ: तुम शुद्ध हो, तुम बुद्ध हो, तुम निरंजन (निर्मल) हो। तुम संसार की माया से परे हो। संसार के इस स्वप्न को त्यागो, मोह की नींद छोड़ो – ऐसा मदालसा ने अपने शिशु पुत्र से कहा।

जब मैंने पहली बार यह लोरी पढ़ी – तो मन रुक गया। हम अपने बच्चों को क्या सिखाते हैं? 'तुम डॉक्टर बनना, इंजीनियर बनना।' मदालसा ने कहा – 'तुम पहले से पूर्ण हो।' यही अद्वैत की शिक्षा है – पूर्णता की खोज नहीं, पूर्णता की पहचान।

अलक्ष्योऽसि न ते रूपं नास्ति नाम न विद्यते। मायामात्रमिदं विद्धि यदेतत् प्रतिभाति ते।

अर्थ: तुम अलक्ष्य (जिसे देखा न जा सके) हो। तुम्हारा न कोई रूप है, न नाम। जो कुछ दिखता है – वह सब माया है। इसे जानो।

मदालसा के पुत्र – विक्रान्त, सुबाहु, शत्रुमर्दन – सब संन्यासी हो गए। जब बीज ही बोध का हो, तो वृक्ष मुक्त होगा। यह माता की सबसे बड़ी भेंट है – पहचान की भेंट।

भर्तृहरि – वैराग्य शतकम् : राजा से साधक तक

भर्तृहरि उज्जयिनी के राजा थे – विद्वान, कवि, भोगी। उनकी पत्नी पिंगला ने उन्हें धोखा दिया। उस एक घटना ने राजा को वैरागी बना दिया। उनका वैराग्य शतकम् संसार के सबसे ईमानदार ग्रंथों में से एक है – जिसमें एक मनुष्य अपनी यात्रा कबूल करता है।

भोगा न भुक्ता वयमेव भुक्ताः तपो न तप्तं वयमेव तप्ताः। कालो न यातो वयमेव याताः तृष्णा न जीर्णा वयमेव जीर्णाः।

अर्थ: भोगों को हमने नहीं भोगा – भोगों ने हमें भोगा। तप नहीं किया – हम ही तपे। काल नहीं गया – हम ही चले गए। तृष्णा नहीं घटी – हम ही घट गए।

यह श्लोक पढ़ने के बाद रुककर सोचना पड़ता है। हम सोचते हैं – हम जीवन जी रहे हैं। भर्तृहरि कह रहे हैं – नहीं, जीवन तुम्हें जी रहा है। समय बीत रहा है, तुम्हारी इच्छाएँ वही हैं – पर तुम घट गए। यही वैराग्य का जन्म है।

यदा किञ्चिज्ज्ञोऽहं द्विप इव मदान्धः समभवम् तदा सर्वज्ञोऽस्मीत्यभवदवलिप्तं मम मनः। यदा किञ्चित्किञ्चिद्बुधजनसकाशादवगतं तदा मूर्खोऽस्मीति ज्वर इव मदो मे व्यपगतः।

अर्थ: जब थोड़ा जाना – तो हाथी की तरह मद से अंधा हो गया, सोचा 'मैं सब जानता हूँ।' जब विद्वानों के पास जाकर थोड़ा और जाना – तो 'मैं मूर्ख हूँ' यह बोध हुआ और अहंकार बुखार की तरह उतर गया।

मेरी अपनी यात्रा में भी यह हुआ। जब पहली बार वेदांत पढ़ा – लगा सब जान लिया। फिर जितना गहरे उतरा – उतना महसूस हुआ कि अभी तो शुरुआत भी नहीं हुई। यही विनम्रता साधना का पहला फल है।

संत-वाणी – विभिन्न मार्गों से एक सत्य

मेरी यात्रा में केवल उपनिषद और गीता नहीं – संत-कवियों की वाणी ने भी प्रकाश दिया। ये संत अलग-अलग काल, अलग-अलग परंपराओं से आए – पर सबकी उँगली एक ही दिशा में उठी।

कबीर – निर्गुण का सीधा मार्ग

कबीर न पंडित थे, न मुल्ला। जुलाहे थे – और उन्होंने वह देख लिया जो अधिकांश विद्वान नहीं देख पाए। उनकी वाणी अद्वैत को सबसे सरल भाषा में कहती है।

जो घर जारे आपना, चले हमारे साथ। हाथ में लेकर अगनि का, चलो हमारे साथ।

कबीर कह रहे हैं – जो अपना 'घर' – अर्थात् अहंकार का घर – जला सके, वही इस मार्ग पर चल सकता है। यह मार्ग आरामदायक नहीं है। यह अपने को मिटाने का मार्ग है।

तू तू करता तू भया, मुझ में रही न हूँ। वारी फेरी बलि गई, जित देखूँ तित तू।

यह अद्वैत की पराकाष्ठा है – 'मैं' इतना 'तू' में खो गया कि 'मैं' बचा ही नहीं। जहाँ देखूँ – वही तू है। यही सर्वं खल्विदम् ब्रह्म का अनुभव है।

दादू दयाल – प्रेम का अद्वैत

दादू दयाल राजस्थान के संत थे। उनकी वाणी में प्रेम और ज्ञान का अनूठा संगम है। वे कहते हैं कि ईश्वर बाहर नहीं – भीतर है, और भीतर खोजने का मार्ग है – प्रेम।

दादू देखो दिल माहिं, बाहिर ढूँढो नाहिं। जो ढूँढो घट अन्दर, तो पाओ तत्काल।

दादू बाहरी तीर्थों, मंदिरों, कर्मकांडों को नकारते नहीं – वे कहते हैं यह पर्याप्त नहीं है। असली खोज भीतर है। जो भीतर देख लेता है – उसे तत्काल मिलता है। देरी नहीं।

शाहजी महाराज – सूफी और वेदांत का संगम

शाहजी महाराज (महाराज छत्रपति शाहजी राजे भोसले – कवि रूप में) की भक्ति-वाणी में सूफी प्रेम और वेदांत का संगम है। उनकी रचनाएँ बताती हैं कि प्रेम का मार्ग और ज्ञान का मार्ग – दोनों एक ही शिखर पर मिलते हैं।

उनकी शिक्षा का सार है – जब प्रेमी और प्रियतम एक हो जाते हैं, तो भेद मिट जाता है। यही अद्वैत है – भक्ति की भाषा में। जो ज्ञान के मार्ग पर 'तत्त्वमसि' है, वही भक्ति के मार्ग पर 'तू ही तू' है।

स्वामी राम – हिमालय से घर-घर तक

स्वामी राम हिमालय के संत थे जिन्होंने पश्चिम में जाकर अद्वैत वेदांत को वैज्ञानिक दृष्टि से प्रस्तुत किया। उनकी पुस्तक 'Living with the Himalayan Masters' (स्वामी राम) और 'Perennial Psychology of the Bhagavad Gita' ने मुझे यह समझाया कि साधना केवल गुफाओं में नहीं – घर में, दफ्तर में भी हो सकती है।

स्वामी राम का सबसे महत्वपूर्ण संदेश – 'साक्षी बनो।' वे कहते थे – 'I am not this body, not this mind, I am the Witness.' यही निर्वाणषट्कम् का व्यावहारिक रूप है। जब भी मन बेचैन हो – एक कदम पीछे हटो और देखो। वह 'देखने वाला' – वही तुम हो।

ओशो – विद्रोह से बोध की ओर

ओशो एक विवादास्पद व्यक्तित्व हैं। पर उनकी पुस्तकों – 'अष्टावक्र महागीता', 'कबीर', 'ध्यान योग' – ने मुझे यह दिया कि परंपरा और विद्रोह एक साथ हो सकते हैं। ओशो ने अष्टावक्र को जिस तरह समझाया – वह अद्भुत है। वे कहते हैं – 'तुम पहले से मुक्त हो।

मुक्ति खोजने की ज़रूरत नहीं – केवल यह देखने की ज़रूरत है कि बंधन था ही नहीं।'

ओशो की भाषा आधुनिक थी, उनका प्रस्तुतीकरण चुनौतीपूर्ण था। पर जो सत्य वे इंगित कर रहे थे – वह वही था जो उपनिषद कह रहे हैं। अलग-अलग भाषाएँ, एक ही इशारा।

महर्षि मुक्त – मौन का संदेश

महर्षि मुक्त की शिक्षाएँ मौन की महिमा पर केंद्रित हैं। उनका कहना था – सत्य शब्दों में नहीं है, शब्दों के पार में है। जब विचार रुक जाते हैं – जो शेष रहता है, वही सत्य है। यह अनुभव – जिसे वे 'तुरीय' कहते हैं – जागृत, स्वप्न और सुषुप्ति से परे की अवस्था – यही अद्वैत का जीवित अनुभव है।

इन सभी संतों और विचारकों को पढ़ते-सुनते हुए मैंने यह पाया – मार्ग अलग-अलग हो सकते हैं, पर मंज़िल एक है। और वह मंज़िल कहीं बाहर नहीं – भीतर है, अभी है, यहीं है।

भज गोविन्दम् – और प्रमुख श्लोक

कुरुते गंगासागर गमनम् – तीर्थ की सीमा

कुरुते गंगासागर गमनं व्रतपरिपालनमथवा दानम्। ज्ञानविहीनः सर्वमतेन भजति न मुक्तिं जन्मशतेन।

अर्थ: गंगासागर की यात्रा करे, व्रत पाले, दान करे – पर यदि ज्ञान नहीं, तो सौ जन्मों में भी मुक्ति नहीं मिलती।

शंकराचार्य तीर्थ या व्रत का विरोध नहीं कर रहे – वे कह रहे हैं इनसे अकेले मुक्ति नहीं। जब तक 'मैं कौन हूँ?' का उत्तर नहीं मिलता – सब बाहरी क्रियाएँ अपूर्ण हैं।

सुर-मन्दिर तरु-मूल निवासः – वैरागी का सुख

सुर-मन्दिर तरु-मूल निवासः शय्या भूतल मजिनं वासः। सर्वपरिग्रह भोग त्यागः कस्य सुखं न करोति विरागः।

अर्थ: देवालय में या वृक्ष के नीचे रहना, धरती पर सोना, मृगचर्म पहनना, सब संग्रह और भोग का त्याग – ऐसा वैराग्य किसे सुख नहीं देता?

वैराग्य का अर्थ दुख नहीं – यह तो सबसे गहरा सुख है। जब बाहरी वस्तुओं की चाह मिट जाती है, जो शान्ति मिलती है – वह संसार की कोई वस्तु नहीं दे सकती।

का ते कान्ता – तत्त्व का चिंतन करो

का ते कान्ता कस्ते पुत्रः संसारोऽयमतीव विचित्रः। कस्य त्वं कः कुत आयातः तत्त्वं चिन्तय तदिह भ्रातः।

अर्थ: तुम्हारी पत्नी कौन? तुम्हारा पुत्र कौन? यह संसार बड़ा विचित्र है। तुम किसके हो? कौन हो? कहाँ से आए? हे भाई, इस तत्त्व पर विचार करो।

यह करुणामय प्रश्न है। पत्नी-पुत्र से परे भी एक प्रश्न है – 'मैं कौन हूँ?' इसे जीवन में कभी न पूछना – यही सबसे बड़ी भूल है।

पुनरपि जननं – जन्म-मृत्यु का चक्र

पुनरपि जननं पुनरपि मरणं पुनरपि जननी जठरे शयनम्। इह संसारे बहुदुस्तारे कृपयाऽपारे पाहि मुरारे।

अर्थ: बार-बार जन्म, बार-बार मृत्यु, बार-बार माँ के गर्भ में शयन – इस दुस्तर संसार-सागर से, हे मुरारि, अपनी कृपा से पार करो।

यह भक्ति और ज्ञान का संगम है। शंकराचार्य यहाँ शरण लेते हैं – जब अहंकार गिरता है, तो कृपा अपने-आप बरसती है।

अष्टावक्र गीता – मुक्ति का सबसे सीधा मार्ग

अष्टावक्र जी – संक्षिप्त जीवन परिचय

अष्टावक्र की कथा महाभारत और पुराणों में मिलती है। उनके पिता कहोड़ वेद पाठ करते थे। माँ के गर्भ में शिशु ने पिता की आठ गलतियाँ सुनकर बताईं। क्रोध में पिता ने शाप दिया – 'आठ जगह से टेढ़ा हो जा।' इसीलिए नाम पड़ा अष्टावक्र – आठ स्थानों से वक्र।

बाद में अष्टावक्र राजा जनक के दरबार में गए। दरबारियों ने उनके विकृत शरीर को देखकर हँसी उड़ाई। अष्टावक्र ने कहा – 'मैंने सोचा था यहाँ ज्ञानी बैठे हैं, पर यहाँ तो चमड़े के जानकार हैं।' राजा जनक चौंके। जनक ने पूछा – 'मुक्ति कैसे मिले?' और अष्टावक्र का उत्तर ही 'अष्टावक्र गीता' है।

अष्टावक्र गीता अद्वैत का सबसे सीधा और तीखा ग्रंथ है। यहाँ कोई क्रमिक साधना नहीं – सीधे यह कहा गया: 'तुम पहले से मुक्त हो।' इसी कारण ओशो ने इसे 'अष्टावक्र महागीता' कहा।

मुक्ताभिमानी मुक्तो हि – विश्वास की शक्ति

मुक्ताभिमानी मुक्तो हि बद्धो बद्धाभिमान्यपि। किंवदन्तीह सत्येयं या मतिः सा गतिर्भवेत्।

अर्थ: जो मुक्त मानता है – मुक्त है। जो बद्ध मानता है – बद्ध है। यह कहावत सच है – जैसी मति, वैसी गति।

मुक्ति कोई बाहर से मिलने वाली वस्तु नहीं। जब तक मानते हो कि बँधे हो – बँधे हो। जिस पल जाना 'मैं पहले से मुक्त हूँ' – उसी पल मुक्ति है।

न त्वं देहो – शरीर नहीं हो

न त्वं देहो न ते देहो भोक्ता कर्ता न वा भवान्। चिदानन्दरूपः स्वयं प्रकाशः किं विचारयसि।

अर्थ: न तुम शरीर हो, न शरीर तुम्हारा है। तुम न भोक्ता हो, न कर्ता। तुम स्वयंप्रकाश चेतनानंद हो – फिर क्यों विचार करते हो?

'किं विचारयसि' – क्यों सोच रहे हो? जो पहले से है उसे खोजने की ज़रूरत नहीं। विचार के रुकने से मिलता है – विचार करने से नहीं।

आत्मा साक्षी विभुः पूर्णः

आत्मा साक्षी विभुः पूर्ण एको मुक्तश्चिदक्रियः। असङ्गो निःस्पृहः शान्तो भ्रमात्संसारवानिव।

अर्थ: आत्मा साक्षी है, सर्वव्यापी है, पूर्ण है, एक है, मुक्त है। वह असंग है, स्पृहारहित है, शांत है – भ्रमवश ही संसारी दिखता है।

'भ्रमात्संसारवानिव' – संसार का बंधन भ्रम मात्र है। जैसे रस्सी को साँप समझना – प्रकाश आते ही भय गायब। ज्ञान वह प्रकाश है।

यथा न क्रियते वह्निः – स्वयंप्रकाश

यथा न क्रियते वह्निः प्रकाशो ज्वलनस्य च। स्वभावादेव तत् किं च तथा मे स्वात्मनः प्रभा।

अर्थ: जैसे अग्नि को प्रकाशित करने की ज़रूरत नहीं – वह स्वयं प्रकाश है। वैसे ही मेरी आत्मा का प्रकाश भी स्वाभाविक है।

चेतना को कोई ज्ञान नहीं देता – वह स्वयं ज्ञान है। साधना का अर्थ – उस स्वाभाविक प्रकाश को ढके पर्दों को हटाना।

रामचरित मानस – भक्ति से अद्वैत तक

गोस्वामी तुलसीदास की रामचरित मानस केवल भक्ति-ग्रंथ नहीं – इसमें अद्वैत वेदांत के सूत्र बड़ी सरलता से बुने हुए हैं। तुलसीदास के लिए राम सगुण भी हैं, निर्गुण भी।

ईश्वर अंश जीव अबिनासी। चेतन अमल सहज सुखरासी। सो माया बस भयउ गोसाईं। बँध्यो कीर मर्कट की नाईं।

अर्थ: जीव ईश्वर का अंश है – अविनाशी, चेतन, निर्मल और स्वाभाविक आनंद का भण्डार। पर वह माया के वश में होकर ऐसे बँध गया जैसे तोता और बंदर।

तुलसीदास अद्वैत का सूत्र दे रहे हैं – जीव ब्रह्म का अंश है। बंधन माया-जनित है। यह बोध ही मुक्ति का द्वार है।

सिय राममय सब जग जानी। करउँ प्रनाम जोरि जुग पानी।

अर्थ: संपूर्ण जगत को सिया-राममय जानकर, दोनों हाथ जोड़कर प्रणाम करता हूँ।

'सब जग जानी' – यही 'सर्वं खल्विदम् ब्रह्म' है। जब हर वस्तु में राम दिखे – शत्रुता असंभव हो जाती है।

सकल पदारथ एहिं जग माहीं। करमहीन नर पावत नाहीं।

अर्थ: इस जगत में सब पदार्थ हैं – पर कर्महीन नहीं पाता।

सब कुछ उपलब्ध है, पर बिना कर्म के नहीं मिलता। बोध भी उपलब्ध है, पर श्रवण-मनन-निदिध्यासन के बिना नहीं होता।

प्रमुख उपनिषद – ज्ञान के स्रोत

ईशावास्य उपनिषद – सब में ईश्वर

यह सबसे छोटा उपनिषद है – केवल अठारह मंत्र। पर इसमें संपूर्ण वेदांत का सार है। यजुर्वेद के अंतिम भाग में आता है।

ईशावास्यमिदं सर्वं यत्किञ्च जगत्यां जगत्। तेन त्यक्तेन भुञ्जीथा मा गृधः कस्यस्विद्धनम्।

अर्थ: इस जगत में जो कुछ भी है – सब ईश्वर से आवृत है। उसे त्याग-भाव से भोगो। किसी के धन की इच्छा मत करो।

सब कुछ ईश्वर है (अद्वैत) – फिर भी संसार में रहो, पर त्याग-भाव से। यह गृहस्थ के लिए सबसे महत्वपूर्ण संदेश है।

कुर्वन्नेवेह कर्माणि जिजीविषेच्छतं समाः। एवं त्वयि नान्यथेतोऽस्ति न कर्म लिप्यते नरे।

अर्थ: यहाँ कर्म करते हुए ही सौ वर्ष जीने की इच्छा करो। इस प्रकार तुम्हारे लिए कर्म चिपकता नहीं।

कर्म करो, पर लिप्त मत हो – यही गीता का कर्मयोग है। गृहस्थ के लिए यह सोने का सूत्र है।

कठ उपनिषद – यम का उपदेश

नचिकेता बालक की कहानी – जिसने मृत्यु के देवता यम से साहसपूर्वक आत्मज्ञान माँगा। यम ने बहुत कुछ देने की पेशकश की – धन, राज्य। पर नचिकेता अडिग रहा।

न जायते म्रियते वा विपश्चिन् नायं कुतश्चिन्न बभूव कश्चित्। अजो नित्यः शाश्वतोऽयं पुराणो न हन्यते हन्यमाने शरीरे।

अर्थ: यह आत्मा न जन्मती है, न मरती है। अजन्मा, नित्य, शाश्वत – शरीर के मारे जाने पर भी यह नहीं मारी जाती।

गीता के श्लोक का यही मूल है। यम ने नचिकेता को यह सत्य दिया – मृत्यु शरीर की है, तुम्हारी नहीं। यह बोध होते ही मृत्यु का भय समाप्त हो जाता है।

अणोरणीयान् महतो महीयान् आत्माऽस्य जन्तोर्निहितो गुहायाम्।

अर्थ: यह आत्मा अणु से भी सूक्ष्म और महान से भी महान है – प्राणियों के हृदय-गुहा में स्थित है।

'अणोरणीयान् महतो महीयान्' – आत्मा का कोई माप नहीं। वह परमाणु से भी छोटी, ब्रह्माण्ड से भी बड़ी – क्योंकि वह 'छोटे-बड़े' से परे है।

श्वेताश्वतर उपनिषद – सगुण और निर्गुण का सेतु

यह उपनिषद अद्वैत और भक्ति का अनूठा संगम है। यहाँ ब्रह्म को शिव के रूप में भी देखा गया है।

एको देवः सर्वभूतेषु गूढः सर्वव्यापी सर्वभूतान्तरात्मा। कर्माध्यक्षः सर्वभूताधिवासः साक्षी चेता केवलो निर्गुणश्च।

अर्थ: एक ही देव सब प्राणियों में गुप्त है, सर्वव्यापी है, सब का अंतरात्मा है। वह साक्षी है, चेतन है, केवल है, निर्गुण है।

'एको देवः' – एक ही है। 'सर्वभूतेषु गूढः' – सब में छुपा है। 'साक्षी' – देखने वाला। यही हमारी साधना का लक्ष्य है।

तमेव विदित्वातिमृत्युमेति नान्यः पन्था विद्यते अयनाय।

अर्थ: उसे जानकर ही मृत्यु से पार होते हैं – मुक्ति का कोई दूसरा मार्ग नहीं।

'नान्यः पन्था' – कोई दूसरा रास्ता नहीं। केवल आत्म-ज्ञान ही अंतिम मुक्ति है।

बज्रसूचिका उपनिषद – जाति-भेद का खंडन

यह उपनिषद ब्राह्मणत्व की परिभाषा पूछता है और अद्वैत के आधार पर उत्तर देता है।

न जातिर्ब्राह्मणः कश्चिन्न कर्म न च विद्यया। ब्रह्म विद्यातिपूर्णेन ब्रह्मभूतो महाशयः।

अर्थ: न जाति से ब्राह्मण है, न कर्म से, न विद्या से। जो ब्रह्म-विद्या से पूर्ण होकर ब्रह्म-भूत हो जाए – वह महाशय ब्राह्मण है।

यह क्रांतिकारी उपनिषद जाति-व्यवस्था का मूल से खंडन करता है। जो ब्रह्म को जानता है – चाहे किसी भी जाति में जन्मा हो – वही ब्राह्मण है।

मुण्डक उपनिषद – परा और अपरा विद्या

द्वे विद्ये वेदितव्ये परा चैवापरा च। तत्रापरा ऋग्वेदो... अथ परा यया तदक्षरमधिगम्यते।

अर्थ: दो विद्याएँ जाननी चाहिए – परा और अपरा। अपरा में सब शास्त्र हैं। परा वह है जिससे अविनाशी ब्रह्म जाना जाता है।

सब शास्त्र, सब पुस्तकें 'अपरा विद्या' हैं – उपयोगी, पर पर्याप्त नहीं। 'परा विद्या' – आत्म-ज्ञान – गुरु-कृपा और आंतरिक साधना से मिलती है।

स्त्री-संत – भक्ति और मुक्ति की समान यात्रा

अद्वैत का मार्ग केवल पुरुषों का नहीं। भारत की स्त्री-संतों ने सिद्ध किया कि बोध के लिए न लिंग की बाधा है, न जाति की।

मीराबाई – प्रेम ही मार्ग है

मीरा राजपूत राजकुमारी थीं। उन्होंने समाज, परिवार, राज-दरबार – सब को ठुकराया और कहा: 'मेरो तो गिरिधर गोपाल, दूसरो न कोई।'

पायो जी मैंने राम रतन धन पायो। वस्तु अमोलक दी मेरे सतगुरु, किरपा करि अपनायो। जनम-जनम की पूँजी पाई, जग में सभी खोवायो। खरचे नहिं कोई चोर न लेवे, दिन-दिन बढ़त सवायो।

'राम रतन धन' – यह आत्म-ज्ञान का धन है। यह गुरु-कृपा से मिलता है। मीरा की यात्रा बताती है – प्रेम की तीव्रता जब चरम पर हो, तो वह ज्ञान में बदल जाती है।

मेरे तो गिरिधर गोपाल, दूसरो न कोई। जाके सिर मोर-मुकुट, मेरो पति सोई। साधाँ की सङ्गति बैठि-बैठि, लोक-लाज खोई। अंसुवन जल सींचि-सींचि, प्रेम बेलि बोई।

'दूसरो न कोई' – यह एकत्व की घोषणा है। जब चित्त एक पर केन्द्रित हो जाता है – तो द्वैत मिट जाता है। यही भक्ति का अद्वैत है।

सहजो बाई – सहज की खोज

सहजो बाई अठारहवीं सदी की राजस्थानी संत थीं। गुरु चरणदास के सान्निध्य में उन्हें बोध हुआ। उनकी वाणी 'सहजो' नाम से प्रसिद्ध है।

सहजो ऐसो मन करो, जैसो जल में नीर। संत जनन के संग रहो, छाड़ो सब की पीर।

अर्थ: मन को ऐसा करो जैसे पानी में पानी – घुल जाए। संत जनों के संग रहो और सब की पीड़ा छोड़ दो।

'जल में नीर' – जब जल में जल मिलता है, तो अलग नहीं रहता। जब आत्मा ब्रह्म में मिलती है – तो अलग नहीं रहती। और यह घटना 'सहज' है।

सहजो सहज समाधि भली, निर्विकल्प जो होय। गुरु किरपा जब होत है, मिटत जगत का दोय।

'सहज समाधि' – यह वह अवस्था है जो भागदौड़ में नहीं, शांत साक्षी-भाव में मिलती है। 'जगत का दोय मिटत है' – द्वैत मिटता है – यही अद्वैत का अनुभव है।

कहै सहजो सुन साधु जन, आत्म ज्ञान विचार। जो जाने सो मुक्त है, बाकी सब दुखियार।

सहजो बाई सीधे कह रही हैं – जो आत्म-ज्ञान को जानता है, मुक्त है। बाकी सब – चाहे राजा हों या फकीर – दुखी हैं।

लल्लेश्वरी (लालेश्वरी) – कश्मीर की शिव-भक्ता

लल्लेश्वरी (लल्ला योगेश्वरी) चौदहवीं सदी की कश्मीरी शैव संत थीं। उनकी 'लल्ल-वाख' (वचन) कश्मीरी शैव दर्शन और अद्वैत का अद्भुत संगम है।

शिव है सर्वत्र, शिव है सब में, शिव के बिना कुछ नहीं। जो यह जान ले – वह मुक्त है, जो नहीं जाने – भटकता रहे।

(लल्ला के वचनों का भावानुवाद) – यह कश्मीर शैवाद्वैत का सार है। सर्वत्र शिव – यही 'सर्वं खल्विदम् ब्रह्म' है।

गुरु वचन मिला जब से मुझे, मैं 'मैं' नहीं रही। जल में जल मिल गया, आग में ज्योति समा गई।

'मैं नहीं रही' – अहंकार का विसर्जन। जब 'मैं' मिट जाता है – जो बचता है वह शिव है, ब्रह्म है।

रिभु गीता – शिव का परम ज्ञान-उपदेश

रिभु गीता शिव पुराण के शतरुद्र संहिता का भाग है। इसमें भगवान शिव ने शिष्य रिभु को आत्म-ज्ञान का उपदेश दिया। रमण महर्षि इसे बहुत महत्व देते थे और आश्रम में इसका नियमित पाठ होता था।

अहं ब्रह्म न सन्देहः अहं ब्रह्म न चान्यथा। सर्वमात्मैव मे नित्यं सर्वदा नान्यदस्ति हि।

अर्थ: मैं ब्रह्म हूँ – इसमें कोई संदेह नहीं। सब कुछ मेरी आत्मा ही है – सदा, नित्य। इससे भिन्न कुछ नहीं।

रिभु गीता में यह 'अहं ब्रह्म' की घोषणा बार-बार आती है – यह ध्यान का अभ्यास है। बार-बार सुनने से, मनन करने से – यह चित्त में उतर जाता है।

न देहोऽहं न जीवोऽहं न मनोऽहं न बुद्धिः। न चित्तं नाहंकारः स्यात् चिदानन्दोऽहं शिवोऽहम्।

अर्थ: मैं शरीर नहीं, जीव नहीं, मन नहीं, बुद्धि नहीं। चित्त नहीं, अहंकार नहीं। मैं चेतनानंद हूँ, शिव हूँ।

यह निर्वाण षट्कम् का ही भाव है – दूसरी भाषा में। अनेक संतों को, अनेक ग्रंथों में एक ही अनुभव हुआ।

जगन्मिथ्या सदा मिथ्या देहमिथ्या मनो मिथ्या। अहं ब्रह्मास्मि सत्यं च सच्चिदानन्दमेव च।

अर्थ: जगत मिथ्या है, शरीर मिथ्या है, मन मिथ्या है। 'अहं ब्रह्मास्मि' – यह सत्य है, और वह सच्चिदानंद ही है।

रिभु गीता की यह पंक्ति शंकर के 'ब्रह्म सत्यं जगन्मिथ्या' को और स्पष्ट करती है। मिथ्या का अर्थ – जो स्वतंत्र सत्ता नहीं रखता, जो ब्रह्म पर आश्रित है।

रमण महर्षि कहते थे – रिभु गीता को बार-बार सुनने से मन स्वतः आत्मा की ओर मुड़ता है। पाठ से साधना होती है – समझ से नहीं, अनुभव से।

योग वशिष्ठ – महर्षि वशिष्ठ का राम को ज्ञानोपदेश

परिचय – ग्रंथ और पात्र

योग वशिष्ठ (जिसे वशिष्ठ रामायण या महारामायण भी कहते हैं) वेदांत का सबसे विस्तृत और कथा-शैली में लिखा ग्रंथ है। इसमें लगभग 32,000 श्लोक हैं। इसमें महर्षि वशिष्ठ ने युवा राम को – जो संसार से विरक्त हो चुके थे – आत्म-ज्ञान का उपदेश दिया। यह ग्रंथ कथाओं के माध्यम से सिखाता है – जैसे कोई नानी कहानी में सत्य छुपाती है।

योग वशिष्ठ में छः प्रकरण हैं – वैराग्य, मुमुक्षु-व्यवहार, उत्पत्ति, स्थिति, उपशम, और निर्वाण। यह यात्रा विरक्ति से शुरू होकर मुक्ति पर समाप्त होती है – ठीक वैसे जैसे हमारी अपनी यात्रा।

ब्रह्म सत्यं – जगत की स्थिति

ब्रह्मैवेदं जगत् सर्वं तत्वमस्यादिलक्षणम्। नेह नानास्ति किञ्चन मृत्योः स मृत्युमाप्नोति।

अर्थ: यह संपूर्ण जगत् ब्रह्म ही है – 'तत्त्वमसि' आदि वाक्य इसी के लक्षण हैं। यहाँ कोई भेद नहीं है – जो भेद देखता है, वह मृत्यु को प्राप्त होता है।

'नेह नानास्ति किञ्चन' – यहाँ अनेकता नहीं है। यह कठ उपनिषद की पंक्ति है जिसे योग वशिष्ठ ने अपने केंद्र में रखा। जो भेद देखता है – वह माया में है। यही संसार का मूल दुख है।

चित्त और संकल्प – सृष्टि का रहस्य

मनोमात्रमिदं विश्वं संकल्पमात्रमेव च। संकल्पो यत्र लीयते तत् ब्रह्म परमं पदम्।

अर्थ: यह संपूर्ण विश्व मन-मात्र है, संकल्प-मात्र है। जहाँ संकल्प लीन हो जाता है – वही परम ब्रह्म है।

योग वशिष्ठ का यह सिद्धांत आधुनिक मनोविज्ञान से भी मेल खाता है। हम जो देखते हैं – वह हमारा मन निर्मित करता है। जब मन शांत हो – तो जो बचता है, वह ब्रह्म है। यही ध्यान का लक्ष्य है।

जीवन्मुक्ति – संसार में रहकर मुक्त

व्यवहारे च कुशलः साधुष्वनुगतः सदा। स एव जीवन्मुक्तः स्यात् प्रज्ञया योऽभिरञ्जितः।

अर्थ: जो व्यवहार में कुशल है, सज्जनों के साथ रहता है, और प्रज्ञा (आत्म-ज्ञान) से रंगा हुआ है – वही जीवन्मुक्त है।

यह मेरे जैसे गृहस्थ के लिए सबसे महत्वपूर्ण उपदेश है। जीवन्मुक्ति का अर्थ संसार छोड़ना नहीं – संसार में रहकर मुक्त रहना। दफ्तर में काम करो, परिवार का दायित्व निभाओ – पर भीतर से जानो कि 'मैं वह नहीं हूँ जो दिखता है।'

उत्पत्ति प्रकरण – लीलोपाख्यान

योग वशिष्ठ में अनेक कथाएँ हैं जो अद्वैत को समझाती हैं। एक प्रसिद्ध कथा है – राजा लवण की। वे सिंहासन पर बैठे-बैठे एक जादूगर के प्रभाव से स्वप्न में पूरा जीवन जी लेते हैं – जन्म, विवाह, बुढ़ापा, मृत्यु। जब नींद खुलती है – तो वे वहीं सिंहासन पर हैं।

वशिष्ठ राम को बताते हैं – 'यही यह जीवन है। तुम वास्तव में ब्रह्म हो – और इस संसार का अनुभव एक दीर्घ स्वप्न की तरह है।' यह कोरी कल्पना नहीं – यह प्रत्येक रात्रि के स्वप्न में अनुभव होता है। स्वप्न में सब सत्य लगता है – जागने पर मिथ्या।

उपशम प्रकरण – चित्त की शांति

यथा दर्पण आकाशः स्वच्छस्तिष्ठत्यनामयः। तथा चित्ते विमले स्थिते ब्रह्मैव स्पष्टमीक्ष्यते।

अर्थ: जैसे दर्पण में आकाश निर्मल और स्वच्छ दिखता है – वैसे ही विमल (शुद्ध) चित्त में ब्रह्म स्पष्ट दिखता है।

साधना का लक्ष्य चित्त को विमल बनाना है। जैसे धूल-भरे दर्पण में चेहरा धुंधला दिखता है – वैसे अशुद्ध चित्त में ब्रह्म धुंधला दिखता है। श्रवण-मनन-निदिध्यासन – यही दर्पण साफ़ करने की विधि है।

निर्वाण प्रकरण – राम का बोध

अहं शुद्धः चिन्मात्रोऽस्मि केवलं परमार्थतः। सर्गस्थितिलयाद्यन्ते न किञ्चिदपि विद्यते।

अर्थ: मैं शुद्ध, चेतन-मात्र हूँ – परमार्थ से यही सत्य है। सृष्टि, स्थिति, लय – इन सबके बाद भी कुछ नहीं बदलता।

यह राम का बोध-वाक्य है – जब वशिष्ठ का उपदेश पूर्ण हुआ। 'अहं शुद्धः' – मैं शुद्ध हूँ। यही हर साधक का अंतिम अनुभव है। इस बोध के बाद राम 'अयोध्या के राम' भी रहे – पर भीतर से मुक्त।

वासना और संसार – योग वशिष्ठ का केंद्रीय विचार

योग वशिष्ठ का एक महत्वपूर्ण विचार है – 'वासना'। वासना का अर्थ है – मन की गहरी छाप। यह छाप बार-बार जन्म, बार-बार वही दुख का कारण है। साधना का अर्थ है – वासनाओं का क्षय।

वासनाक्षयविज्ञाने जीवन्मुक्तिरिति स्मृता। तच्च सम्यग्विचारेण प्राप्यते नेतरेण हि।

अर्थ: वासनाओं का क्षय और आत्म-ज्ञान – इन दोनों को जीवन्मुक्ति कहते हैं। यह सम्यक् विचार से प्राप्त होती है – किसी अन्य उपाय से नहीं।

'सम्यग्विचार' – सही तरीके से विचार करना। यही वेदांत की साधना है। जब हम किसी भी परिस्थिति में रुककर पूछते हैं – 'इसे देखने वाला कौन है?' – यही सम्यग्विचार है।

मेरे अपने जीवन में योग वशिष्ठ की कथाओं ने एक अलग ही समझ दी। वे कथाएँ अद्वैत को जीवित बनाती हैं – केवल तर्क नहीं, अनुभव की भाषा में।

शून्यता सप्तति – नागार्जुन का मध्यमार्ग

नागार्जुन – बौद्ध अद्वैत के महाचार्य

नागार्जुन (लगभग दूसरी-तीसरी शताब्दी ईस्वी) बौद्ध दर्शन के सबसे महान आचार्य माने जाते हैं। उनका 'मूलमाध्यमककारिका' और 'शून्यता

सप्तति' दर्शन के इतिहास में सबसे तीक्ष्ण विश्लेषण हैं। वे शून्यवाद के प्रवर्तक हैं – पर उनका शून्य 'कुछ नहीं' नहीं है। वह 'स्वतंत्र सत्ता का अभाव' है।

शंकराचार्य के अद्वैत और नागार्जुन के शून्यवाद में गहरी समानताएँ हैं। दोनों कहते हैं – जो दिखता है, वह जैसा दिखता है, वैसा नहीं है। दोनों का लक्ष्य भ्रम से मुक्ति है। अंतर केवल भाषा और दृष्टिकोण का है।

शून्यता का अर्थ – 'कुछ नहीं' नहीं

सर्वे भावाः स्वभावेन शून्याः सर्वत्र सर्वदा। प्रतीत्यसमुत्पन्नाश्च तस्माच्छून्याः प्रकीर्तिताः।

अर्थ: सब वस्तुएँ – सर्वत्र और सदा – अपने स्वभाव से शून्य (स्वतंत्र सत्ता-रहित) हैं। वे परस्पर निर्भर होकर उत्पन्न होती हैं – इसीलिए शून्य कही जाती हैं।

'शून्य' का अर्थ 'खालीपन' नहीं – बल्कि 'स्वतंत्र अस्तित्व का अभाव'। यह मेज़ शून्य है – अर्थात् इसका अस्तित्व लकड़ी पर, बढ़ई पर, पेड़ पर, सूरज पर निर्भर है। कोई भी वस्तु अकेले अस्तित्व नहीं रखती। यही 'प्रतीत्यसमुत्पाद' है – परस्पर निर्भरता।

प्रतीत्यसमुत्पाद – सब परस्पर निर्भर हैं

अपेक्ष्य सिध्यते यस्मात् तस्मात् स्वाभाविकी न सा। यद्यपेक्ष्य सिध्यते तत् शून्यम् इत्युच्यते बुधैः।

अर्थ: जो किसी पर निर्भर होकर सिद्ध होती है – उसका स्वाभाविक (स्वतंत्र) अस्तित्व नहीं। जो निर्भर होकर सिद्ध होती है – उसे ज्ञानी 'शून्य' कहते हैं।

यह सिद्धांत बहुत व्यावहारिक है। 'मैं' भी शून्य है – अर्थात् यह 'मैं' शरीर पर, माता-पिता पर, भाषा पर, संस्कृति पर निर्भर है। इस 'मैं' का स्वतंत्र अस्तित्व नहीं। यह बोध अहंकार को गला देता है।

शून्यता और वेदांत – दो भाषाएँ, एक सत्य

वेदांत कहता है – ब्रह्म सत्य है, जगत् मिथ्या है। नागार्जुन कहते हैं – सब शून्य है, स्वतंत्र सत्ता किसी की नहीं। दोनों का व्यावहारिक परिणाम एक ही है – अहंकार का क्षय और दुख से मुक्ति।

आदि शंकराचार्य को उनके विरोधियों ने 'प्रच्छन्न बौद्ध' (छिपा हुआ बौद्ध) कहा था। यह आरोप था – पर इसमें एक गहरा सत्य भी है। दोनों परंपराएँ एक ही दिशा में उँगली उठाती हैं।

मध्यमार्ग – अति का त्याग

नास्ति नैव च नास्त्येव स्थायी नित्यो न चापि नः। मध्यमा प्रतिपत् ज्ञेया सर्वदृष्टिविवर्जिता।

अर्थ: न 'है' – न 'नहीं है'। न स्थायी – न अनित्य। सब दृष्टियों से रहित मध्यम प्रतिपद् (मार्ग) जाननी चाहिए।

नागार्जुन का मध्यमार्ग 'है' और 'नहीं है' दोनों अतियों से बचता है। जब हम कहते हैं 'मैं हूँ' – तो एक स्थायी अहंकार बनाते हैं। जब कहते हैं 'मैं नहीं हूँ' – तो शून्यवादी होते हैं। सत्य दोनों के बीच है – या दोनों से परे।

शून्यता सप्तति – सत्तर श्लोकों का सार

शून्यता सप्तति में नागार्जुन ने सत्तर श्लोकों में यह सिद्ध किया कि कोई भी वस्तु – उत्पत्ति, स्थिति, नाश, समय, दिशा, गति – इनमें से कोई भी स्वतंत्र और स्थायी सत्ता नहीं रखती।

उत्पादः स्थितिर्नाशो न सन्ति परमार्थतः। सर्वं शून्यमिति ज्ञात्वा मुच्यते सर्वदुःखतः।

अर्थ: परमार्थ से न उत्पत्ति है, न स्थिति, न नाश। 'सब शून्य है' – यह जानकर सब दुखों से मुक्ति मिलती है।

यह बौद्ध दर्शन का सार-वाक्य है। उत्पत्ति नहीं – अर्थात् जो है वह अकारण नहीं आया। नाश नहीं – अर्थात् जो 'है', वह सच्चे अर्थ में मिटता नहीं। केवल रूप बदलते हैं। यह वेदांत के 'नित्य आत्मा' से कैसे अलग है? भाषा अलग – बोध एक।

दो शून्य – बाहर और भीतर

नागार्जुन का शून्यवाद केवल बाहरी वस्तुओं तक सीमित नहीं – वे 'स्व' (self) की शून्यता भी सिद्ध करते हैं। 'मैं' जैसी कोई स्थायी, स्वतंत्र सत्ता नहीं है। यह बोध अहंकार को जड़ से मिटाता है।

मेरे जीवन में नागार्जुन को पढ़ते समय एक विचित्र अनुभव हुआ। वे कहते हैं – 'मैं' नहीं है। वेदांत कहता है – 'मैं' ब्रह्म है। पहले ये दोनों विरोधाभासी लगे। फिर समझ आई – नागार्जुन जिस 'मैं' को नकार रहे हैं – वह अहंकार वाला 'मैं' है। वेदांत जिस 'मैं' को ब्रह्म कह रहा है – वह साक्षी-चेतना है। दोनों मिलकर पूरा सत्य देते हैं।

शून्यता और मुक्ति – व्यावहारिक उपयोग

यदा शून्यत्वमाश्रित्य विहरत्यतिनिर्भयः। तदा स मुक्त इत्युक्तः सर्वसंगविवर्जितः।

अर्थ: जब शून्यत्व का आश्रय लेकर वह निर्भय विहरता है – तब उसे मुक्त कहते हैं, जो सब संग से रहित है।

'निर्भय विहरत्य' – निर्भय होकर विचरण करता है। यही मुक्ति का लक्षण है। जब कोई वस्तु स्थायी नहीं, तो खोने का भय नहीं। जब कोई 'मैं' नहीं, तो अपमान का घाव नहीं। यह शून्यता का व्यावहारिक फल है।

नागार्जुन और कबीर – एक तुलना

कबीर कहते हैं – 'शून्य महल में दियना बारो।' यह बौद्ध शून्यता की भाषा है। कबीर पर बौद्ध प्रभाव स्पष्ट है। वे हिंदू-मुस्लिम के बीच थे – वैदिक और बौद्ध के बीच भी। उनकी निर्गुण भक्ति में दोनों धाराएँ मिलती हैं।

इस यात्रा में – वेदांत से बौद्ध दर्शन तक – मुझे यह स्पष्ट हुआ कि सत्य एक है, मार्ग अनेक हैं। शंकराचार्य की 'माया', नागार्जुन की 'शून्यता', कबीर का 'झूठ', ओशो का 'ego' – ये सब उसी एक भ्रम की अलग-अलग भाषाएँ हैं। और उस भ्रम से जागना – यही मुक्ति है।

□ **आत्म-परीक्षण**

31. निर्वाणषट्कम् को पढ़ें: जो 'मैं नहीं हूँ' उसकी सूची में से एक-एक हटाएँ। क्या बचा?
32. 'भजगोविन्दम्' का संदेश आपके वर्तमान जीवन पर कैसे लागू होता है?
33. अगर कल मृत्यु हो – तो आज क्या बदलेगा?

भाग ४

प्रश्न जो हर साधक पूछता है

अध्याय ११

साधारण जिज्ञासुओं के प्रश्न

और ईमानदार उत्तर

– ॐ –

ईश्वर के बारे में

प्रश्न: क्या अद्वैत में ईश्वर को नहीं मानते?

उत्तर: अद्वैत में ईश्वर सर्वोच्च सत्ता है – लेकिन ईश्वर और जीव में मूलतः भेद नहीं। परमार्थिक स्तर पर जीव, जगत् और ईश्वर – तीनों ब्रह्म हैं। विरोध नहीं – विस्तार है।

प्रश्न: यदि सब ब्रह्म है, तो बुराई क्यों है?

उत्तर: व्यावहारिक स्तर पर बुराई है – और उससे लड़ना अनिवार्य है। जैसे स्वप्न में आगसे जलन होती है – और उससे भागना पड़ता है। पर जागने पर पता चलता है कि वह आगथी नहीं। इसी तरह बुराई माया के भीतर है।

प्रश्न: क्या अद्वैत और भक्ति साथ-साथ चल सकते हैं?

उत्तर: बिल्कुल – और यही सबसे सुंदर साधना है। रामकृष्ण परमहंस अद्वैती थे और काली के परम भक्त भी। ज्ञान और भक्ति एक-दूसरे के पूरक हैं।

प्रश्न: ध्यान कैसे करें – शुरुआत के लिए?

उत्तर: पाँच मिनट से शुरू करो। एक शांत स्थान पर बैठो। रीढ़ सीधी। आँखें बंद। साँसों को देखो – उन्हें बदलो नहीं, केवल देखो। जब विचार आएँ – उन्हें देखो, उनमें मत खोजाओ। वह 'देखना' ही ध्यान है।

प्रश्न: गृहस्थ जीवन में अद्वैत कैसे जिएँ?

उत्तर: परिवार को, काम को, हर क्षण को एक अभ्यास की तरह लो। जो भी सामने है – उसमें ब्रह्म देखने की कोशिश। यह एक दिन में नहीं होता – यह वर्षों का अभ्यास है।

अध्याय १२

भ्रम और उनका समाधान

वे गलतफहमियाँ जो यात्रा रोकती हैं

– ॐ –

हर सच्ची यात्रा में कुछ चौराहे आते हैं – जहाँ रास्ता भटक सकता है। अद्वैत की यात्रा में भी कुछ ऐसे भ्रम हैं जो बहुत प्रचलित हैं। ये भ्रम यात्रा को न केवल रोकते हैं – बल्कि उल्टी दिशा में ले जाते हैं।

इस अध्याय में उन पाँच प्रमुख भ्रमों की बात करेंगे जो अक्सर साधकों के मन में होते हैं।

भ्रम १ – 'अद्वैत में नैतिकता नहीं'

यह सबसे प्रचलित और सबसे खतरनाक भ्रम है।

तर्क यह दिया जाता है: 'यदि सब ब्रह्म है – यदि सब एक है – तो अच्छे-बुरे में क्या फर्क? तो फिर चोरी भी कर लो, झूठ भी बोल लो – सब ब्रह्म ही तो है!'

यह तर्क सुनने में चतुर लगता है – पर यह पूरी तरह गलत है।

समाधान: अद्वैत दो स्तरों पर काम करता है। परमार्थिक स्तर पर – हाँ, सब ब्रह्म है। पर व्यावहारिक स्तर पर – नैतिकता अनिवार्य है। बल्कि जो सच्चा अद्वैती है – वह और अधिक नैतिक होता है। क्योंकि

वह जानता है: जिसे मैं नुकसान पहुँचाता हूँ, वह मेरा ही अंश है। तुम खुद को नुकसान नहीं पहुँचाते।

शंकराचार्य ने कहा: जब तक ज्ञान नहीं हुआ – नैतिकता का पालन आवश्यक है। और जब ज्ञान हो गया – तब नैतिकता स्वाभाविक हो जाती है, बाहरी दबाव की ज़रूरत नहीं रहती।

भ्रम २ – 'ज्ञान होने पर कुछ नहीं करना होता'

यह भ्रम बहुत आरामदायक लगता है – और इसीलिए बहुत प्रचलित है। 'जब सब ब्रह्म है, जब सब माया है – तो मुझे क्या करना? बस बैठे रहूँ।'

यह आलस्य है, ज्ञान नहीं।

इतिहास देखो: रामकृष्ण परमहंस – ज्ञानी थे, पर सैकड़ों लोगों को जागृत किया। स्वामी विवेकानंद – ज्ञानी थे, पर पूरे अमेरिका का दौरा किया। शंकराचार्य – ज्ञानी थे, पर 32 वर्षों में पूरे भारत की यात्रा की। जनक – ज्ञानी थे, पर राजपाट चलाते रहे।

ज्ञान कर्म रोकता नहीं – ज्ञान कर्म में आसक्ति हटाता है। ज्ञानी सबसे अधिक सक्रिय होता है – लेकिन बिना अहंकार और बिना फल की आसक्ति के।

भ्रम ३ – 'अद्वैत का मतलब हमेशा प्रसन्न रहना'

Social media पर हर spiritual teacher की तस्वीर देखो – शांत मुस्कान। जैसे जागरण के बाद दुख, क्रोध, दर्द, थकान – कुछ नहीं होता।

यह झूठ है।

रमण महर्षि को जीवन के अंत में कैंसर था। दर्द होता था। उनके शिष्य कहते थे कि उनके चेहरे पर कभी-कभी पीड़ा की रेखाएँ दिखती थीं। फर्क यह था – वे दर्द में डूबते नहीं थे। वे दर्द को 'देखते' थे।

अद्वैत सब भावनाओं को मिटा नहीं देता। वह एक ऐसी जगह देता है – जो भावनाओं से प्रभावित नहीं होती। भावनाएँ आती हैं, जाती हैं – जैसे बादल आकाश में आते-जाते हैं। आकाश बादलों से प्रभावित नहीं होता।

भ्रम ४ – 'यह केवल विद्वानों के लिए है'

'संस्कृत नहीं जानता। उपनिषद नहीं पढ़े। मैं साधारण इंसान हूँ – अद्वैत मेरे लिए नहीं।'

यह सबसे दुखद भ्रम है।

रमण महर्षि के पास एक अनपढ़ किसान आया था। उसे संस्कृत नहीं आती थी, शास्त्र नहीं पढ़े थे। पर महर्षि के पास रहते-रहते उसे कुछ हुआ। क्योंकि ज्ञान शब्दों में नहीं – उपस्थिति में होता है। और उपस्थिति को ग्रहण करने के लिए विद्वता नहीं – हृदय की शुद्धता चाहिए।

कबीर अनपढ़ थे। मीराबाई ने कोई दर्शन नहीं पढ़ा था। रैदास चमार थे। इन सबने वह जाना जो बड़े-बड़े पंडित नहीं जान पाए। क्योंकि इनके पास डिग्री नहीं थी – पर लगन थी, प्रेम था, सच्चाई थी।

» विविध परंपराओं के स्वर

"पोथी पढ़ि पढ़ि जग मुआ, पंडित भया न कोया। ढाई आखर प्रेम का, पढ़े सो पंडित होया।"

– **संत कबीर**, *कबीर दोहावली*

"जो समाज रुग्ण हो, उसके साँचे में ढल जाना स्वास्थ्य का प्रमाण नहीं है।"

– **कृष्णमूर्ति के विचारों पर आधारित**

"ज्ञान बिन भक्ति, भक्ति बिन ज्ञान – दोनों अधूरे। जहाँ दोनों मिलें – वहाँ मोक्ष।"

– **स्वामी विवेकानंद**, *राजयोग*

भ्रम ५ – 'मैं अद्वैती हूँ' – सबसे सूक्ष्म अहंकार

यह सबसे खतरनाक भ्रम है – क्योंकि यह सबसे सूक्ष्म है।

जब कोई कहता है: 'मैं अद्वैती हूँ। मैं ध्यान करता हूँ। मुझे ज्ञान हो रहा है। मैं साधक हूँ।' – यह सब अहंकार के नए रूप हैं। अहंकार ने अब 'आध्यात्मिकता' की पोशाक पहन ली है।

अद्वैत में 'मैं' बचता नहीं – तो 'मैं अद्वैती हूँ' कैसे कहोगे? जो सच में जागृत है – वह इसका दावा नहीं करता। जो सच में प्रेम में है – वह प्रेम का प्रदर्शन नहीं करता। जो सच में शांत है – वह शांति की घोषणा नहीं करता।

आचार्य प्रशांत कहते हैं: 'जो कहता है 'मैं जागृत हूँ' – वह सोया हुआ है। जो सच में जागा है – वह यह दावा नहीं कर सकता। क्योंकि 'मैं' ही तो सो रहा था – और वह मिट गया।'

भ्रम ६ – 'अद्वैत और सांसारिक जीवन साथ नहीं चल सकते'

'अद्वैत के लिए संन्यास लेना होगा। घर छोड़ना होगा। नौकरी छोड़नी होगी। परिवार छोड़ना होगा।'

यह सबसे प्रचलित गलतफहमी है जो लोगों को इस रास्ते से दूर रखती है।

जनक राजा थे – ज्ञानी भी। वे राज्य चलाते थे, युद्ध करते थे, निर्णय लेते थे। पर उनका मन किसी चीज़ में नहीं फँसता था। यही अद्वैत का जीवन है।

यह पुस्तक एक गृहस्थ ने लिखी है – नौकरी करते हुए, परिवार का दायित्व निभाते हुए। यह यात्रा घर में होती है, दफ्तर में होती है, बाज़ार में होती है। इसके लिए पहाड़ पर जाने की ज़रूरत नहीं।

» विविध परंपराओं के स्वर

"अध्यात्म जीवन से पलायन नहीं – यह जीवन को अधिक जागरूकता, अधिक पूर्णता से जीने की कला है।"

– **आचार्य प्रशांत**, *सत्र वार्ता, प्रशांत अद्वैत फाउंडेशन*

"सत्य तुम्हें मुक्त करेगा – पर पहले वह तुम्हारे सारे भ्रमों को तोड़ेगा।"

– **एक कालजयी विचार**

"न कर्म बंधन है, न मुक्ति कर्म से है – कर्म के साथ तादात्म्य तोड़ना मुक्ति है।"

– **आचार्य प्रशांत**, *आचार्य प्रशांत, सत्र वार्ता*

पूजा की तीन भूमिकाएँ – कर्मकांड का मनोविज्ञान

आधुनिक मनोविज्ञान कहता है कि मनुष्य को 'ritual' की ज़रूरत होती है। यह ज़रूरत कोई कमज़ोरी नहीं – यह मानवीय मनोरचना का हिस्सा है। पूजा तीन स्तरों पर काम करती है:

पहला स्तर – ध्यान: जब तुम पूजा में बैठते हो और फूल चढ़ाते हो, धूप जलाते हो – तो मन एक बिंदु पर आता है। यह Concentration का अभ्यास है।

दूसरा स्तर – समर्पण: जब तुम कहते हो 'यह फूल तुम्हारा है, यह मेरा नहीं' – तो तुम अहंकार को थोड़ा ढीला करते हो। यही भाव पूजा को साधना बनाता है।

तीसरा स्तर – स्मरण: पूजा एक दैनिक स्मरण है – कि मैं इस विशाल सत्ता का एक छोटा-सा अंश हूँ। यह स्मरण अहंकार को सीमित रखता है।

इसीलिए बड़े-बड़े ज्ञानी भी पूजा करते रहे। रामकृष्ण परमहंस ज्ञानी थे – फिर भी काली की पूजा करते थे। क्योंकि वे जानते थे – यह प्रेम की अभिव्यक्ति है, भय की नहीं।

मंदिर – इसका वास्तविक उद्देश्य

मंदिर का निर्माण यूँ ही नहीं हुआ। प्राचीन भारत में मंदिर केवल पूजा-स्थल नहीं थे – वे समाज के सांस्कृतिक, शैक्षिक और आध्यात्मिक केंद्र थे। वहाँ संगीत था, नृत्य था, शास्त्र-चर्चा थी।

मंदिर की मूर्ति इसलिए बनाई जाती थी ताकि एक अशिक्षित किसान भी उस परम सत्ता को किसी रूप में देख सके, उससे जुड़ सके। यह उसके लिए एक 'point of contact' था।

आज जब हम मंदिर जाते हैं – तो क्या हम उस मूल भावना को लेकर जाते हैं? या केवल एक सौदा करने – 'मुझे यह दे दो, मैं यह चढ़ाऊँगा।' यदि मंदिर एक मोलभाव की जगह बन गया है – तो वह मंदिर नहीं, बाज़ार है।

» विविध परंपराओं के स्वर

"जो अपने भीतर नहीं देखता – वह बाहर की पूजा में खो जाता है।"

– संत रैदास

"मंदिर तो है शिला का, पर शिला में वह नहीं। तुम्हारे भीतर वास करता है – वहाँ ढूँढो।"

– संत कबीर, *कबीर वाणी*

"परमेश्वर से अपने सम्पूर्ण हृदय, अपनी समस्त चेतना और अपने पूरे मन से प्रेम करो।"

– ईसा मसीह, *बाइबिल*

कर्मकांड की पाँच सीमाएँ

शंकराचार्य, रमण महर्षि, आचार्य प्रशांत – सबने एक स्वर में कहा है: कर्मकांड की सीमाएँ हैं। इन्हें समझना ज़रूरी है:

पहली सीमा: कर्मकांड बाहरी है। वह तुम्हारे भीतर के अंधकार को नहीं छू सकता। क्रोध, लोभ, अहंकार – ये भीतर की समस्याएँ हैं। इन्हें बाहरी अनुष्ठान नहीं मिटा सकते।

दूसरी सीमा: कर्मकांड आदत बन जाता है। जब पूजा यांत्रिक हो जाए – जब मन और कहीं हो और हाथ पूजा कर रहे हों – तो वह पूजा नहीं, शरीर का एक routine है।

तीसरी सीमा: कर्मकांड विभाजन करता है। 'हम पूजा करते हैं, वे नहीं' – यह अहंकार पैदा करता है। जब धर्म अहंकार का आधार बन जाए – वह धर्म नहीं रहा।

चौथी सीमा: कर्मकांड आत्म-ज्ञान नहीं देता। मोक्ष की प्राप्ति केवल ज्ञान से होती है – यह वेदांत का स्पष्ट वचन है।

पाँचवीं सीमा: कर्मकांड भय से किया जाए तो वह बोझ है। 'अगर नहीं किया तो कुछ बुरा होगा' – यह भावना कर्मकांड को जेल बना देती है।

तो सही कर्मकांड कैसा हो?

कर्मकांड तब सार्थक होता है जब:

पहली बात – वह भय से नहीं, प्रेम से किया जाए। जब दीपक जलाते समय मन में कृतज्ञता हो, न डर।

दूसरी बात – वह जागरूकता से किया जाए। हर क्रिया का अर्थ जाना जाए। श्लोक का भाव समझा जाए।

तीसरी बात – वह भीतर की ओर ले जाए। पूजा के बाद कुछ पलों का मौन हो। भीतर झाँकने का प्रयास हो।

जो कर्मकांड इन तीन कसौटियों पर खरा उतरे – वह साधना है। जो नहीं उतरता – वह केवल परंपरा है।

» विविध परंपराओं के स्वर

"बाह्य-पूजा परा शक्तिः, ध्यानं मध्यमधिष्ठितम्। आत्मज्ञानं परंज्ञेयम् – बाह्य-पूजा से ध्यान श्रेष्ठ, ध्यान से आत्मज्ञान।"

– **आदि शंकराचार्य**, *विवेकचूड़ामणि, ३७०*

"कर्मकांड जीवन की व्याकरण है – पर केवल व्याकरण जानने से भाषा नहीं आती। भाव को भी जानना होगा।"

– **कृष्णमूर्ति के विचारों पर आधारित**

वैराग्य – गलतफहमी और सच्चाई

'वैराग्य' शब्द सुनते ही लोग सोचते हैं – घर छोड़ना, संसार त्यागना, जंगल में जाना। यह सबसे बड़ी गलतफहमी है।

वेदांत में वैराग्य का अर्थ है – यह बोध कि बाहरी चीज़ों में वह तृप्ति नहीं जो आत्मा चाहती है। यह घृणा नहीं है – यह विवेक है। यह भागना नहीं है – यह समझना है।

एक उदाहरण: जब बच्चा खिलौने से खेलता है – वह उसमें पूरी तरह डूबा रहता है। जब वह बड़ा होता है – खिलौना उसे उतना नहीं खींचता। वह खिलौने से नफरत नहीं करता – बस उसकी ज़रूरत कम हो जाती है। यही वैराग्य है।

'क्या बस यही है?' – यह प्रश्न ही वैराग्य की शुरुआत है। जब नौकरी, पैसा, रिश्ते – सब होते हुए भी एक खालीपन बना रहे – तो यह संकेत है कि आत्मा अपनी असली भूख जता रही है।

आधुनिक मनुष्य का सबसे बड़ा संकट – ध्यान का अभाव

Microsoft ने एक शोध किया। उसके अनुसार सन् 2000 में मनुष्य का औसत attention span 12 सेकंड था। 2015 में यह घटकर 8 सेकंड रह गया। एक सुनहरी मछली का attention span 9 सेकंड होता है।

यह केवल आँकड़ा नहीं है – यह एक आध्यात्मिक संकट है। जो प्राणी 5 मिनट भी शांत नहीं बैठ सकता – वह उस गहरे प्रश्न तक कभी नहीं पहुँचेगा जो उसे मुक्त कर सके।

'क्या बस यही है?' – यह प्रश्न तभी उठता है जब थोड़ी देर के लिए शोर बंद हो। और आज का मनुष्य शोर बंद होने से डरता है। क्योंकि शोर बंद होने पर जो आवाज़ आती है – वह असुविधाजनक होती है।

» विविध परंपराओं के स्वर

"वर्तमान क्षण सदा रहेगा। हम सब कुछ खो सकते हैं – पर इस क्षण को नहीं खो सकते।"

– एक आधुनिक विचार

"माटी कहे कुम्हार से, तू क्यारों देमोया। एकदिन ऐसा आएगा, मैं रौंदूँगी तोया।"

– संत कबीर, *कबीर दोहावली*

आत्मा की तीन विशेषताएँ – सत्, चित्, आनन्द

उपनिषद आत्मा (और ब्रह्म) को 'सच्चिदानन्द' कहते हैं – सत् + चित् + आनन्द। यह तीन शब्द इस पूरे दर्शन का सार हैं।

सत् (Existence): वह जो सदा है। आत्मा का अस्तित्व शाश्वत है – वह पैदा नहीं होती, मरती नहीं। शरीर बदलता है, मन बदलता है – पर वह 'होना' जो इन सबका साक्षी है, वह नहीं बदलता।

चित् (Consciousness): वह जो जानता है, देखता है। चेतना आत्मा का स्वभाव है। जैसे सूर्य का स्वभाव प्रकाश है – वैसे आत्मा का स्वभाव जानना है।

आनन्द (Bliss): वह आनन्द जो किसी बाहरी कारण पर निर्भर नहीं। यह सुख-दुख से परे की अवस्था है। यही मोक्ष है – न कोई स्वर्ग, न कोई पुरस्कार, बस यह शाश्वत आनन्द।

जब तुम किसी से पूछते हो 'तुम कौन हो?' और वे कहते हैं – 'मैं एक डॉक्टर हूँ, मैं एक माँ हूँ' – तो वे अपने roles बता रहे हैं, अपनी आत्मा नहीं। तुम्हारा role बदल सकता है – पर तुम नहीं बदलते।

'मैं' की खोज – रमण महर्षि की विधि

रमण महर्षि की विधि 'आत्म-विचार' (Self-Enquiry) कहलाती है। इसमें सिर्फ एक काम करना है: जब भी कोई विचार आए – पूछो 'यह विचार किसे आ रहा है?' उत्तर होगा 'मुझे'। फिर पूछो 'यह मैं कौन हूँ?'

इस प्रश्न को विचार की तरह नहीं, खोज की तरह लो। यह प्रश्न एक तलवार है – यह हर झूठे 'मैं' को काट देता है। जो बचता है – वही असली 'मैं' है।

महर्षि कहते थे: 'मैं कौन हूँ?' का उत्तर शब्दों में नहीं आता। जब प्रश्न इतना गहरा हो जाता है कि प्रश्नकर्ता ही मिट जाता है – तब उत्तर मिलता है। वह उत्तर मौन है।

» विविध परंपराओं के स्वर

"मैं" का विचार ही समस्त विचारों की जड़ है। यह 'मैं' कहाँ से आता है – इसे खोजो, और तुम समस्त अस्तित्व का स्रोत पा लोगे।"

– **रमण महर्षि**, *उपदेश वार्ता*

"अयम् आत्मा ब्रह्म – यह आत्मा ब्रह्म है। भीतर और बाहर एक ही सत्ता है।"

– **माण्डूक्य उपनिषद**

"जीवन का सबसे बड़ा सौभाग्य यह है कि हम वह बन सकें – जो हम वास्तव में हैं।"

– **एक दार्शनिक विचार**

गुरु-शिष्य परंपरा – इसकी गहराई

भारतीय आध्यात्मिक परंपरा में गुरु-शिष्य संबंध संसार का सबसे गहरा संबंध माना गया है। माता-पिता शरीर देते हैं – गुरु आत्मा का परिचय करवाते हैं।

उपनिषदों में गुरु-शिष्य के कुछ अद्भुत संवाद हैं। नचिकेता और यम का संवाद (कठोपनिषद), उद्दालक और श्वेतकेतु का संवाद (छांदोग्य उपनिषद), शंकराचार्य और उनके गुरु गोविंदपाद का मिलन – ये सब यही बताते हैं कि ज्ञान एक जीवित धारा है, पुस्तक नहीं।

पुस्तक पढ़कर तुम जानकारी पाते हो। गुरु के पास बैठकर तुम कुछ और पाते हो – एक उपस्थिति, एक ऊर्जा जो बताती है कि जागना संभव है।

आज के युग में गुरु कौन?

आज के युग में एक नई चुनौती है – 'spiritual marketplace.' YouTube, Instagram, महँगे retreats – हर तरफ गुरु मिलते हैं। कुछ सच्चे हैं, कुछ नहीं।

एक साधारण कसौटी: जो गुरु तुम्हें उस पर निर्भर बनाए – वह गुरु नहीं। जो गुरु तुम्हें अपने भीतर झाँकने की शक्ति दे और फिर कहे 'अब तुम्हें मेरी ज़रूरत नहीं' – वही असली गुरु है।

आचार्य प्रशांत, रमण महर्षि, जे. कृष्णमूर्ति – इन सबने एक बात कही है: 'अपना दीपक आप बनो।' Authority को बाहर मत खोजो – भीतर देखो।

» विविध परंपराओं के स्वर

"अपने स्वयं के दीपक बनो। अपनी मुक्ति सावधानी और परिश्रम से साधो।"

– **गौतम बुद्ध**, *महापरिनिब्बान सुत्त*

"गुरु की कृपा ही वह दर्पण है जिसमें आत्मा का दर्शन होता है।"

– **गुरु नानक देव जी**, *श्री गुरु ग्रंथ साहिब*

"शिष्य के तैयार होने पर गुरु प्रकट होते हैं – पर असली गुरु सदा भीतर ही है।"

– **रमण महर्षि**, *उपदेश वार्ता*

स्थितप्रज्ञ – आज के जीवन में

गीता का 'स्थितप्रज्ञ' आज के युग में कैसा दिखता है? आचार्य प्रशांत इसे इस तरह समझाते हैं:

'स्थितप्रज्ञ' वह नहीं जो पहाड़ पर बैठा हो। 'स्थितप्रज्ञ' वह है जो office की politics में भी नहीं डूबता। जिसे salary नहीं बढ़ी तो भी टूटता नहीं। जिसे relationship में धोखा मिला हो तो भी घृणा में नहीं जाता।

यह लक्ष्य दूर नहीं है। लेकिन इसके लिए एक ही काम करना है: 'मैं' और 'मेरा' की परिभाषा को छोटा करते जाना। जितना 'मैं' सिकुड़ेगा – उतना आत्मा का विस्तार होगा।

कृष्ण का असली संदेश – जो अक्सर छूट जाता है

गीता में कृष्ण ने अर्जुन से अंत में पूछा: 'क्या तुम्हारा मोह नष्ट हुआ?' यह प्रश्न महत्वपूर्ण है। कृष्ण ने 18 अध्याय बोले – पर अंत में वे परीक्षा नहीं ले रहे, वे देखना चाहते हैं कि क्या कुछ बदला।

अर्जुन का उत्तर है: 'नष्टो मोहः – मेरा मोह नष्ट हो गया।' यह केवल बौद्धिक समझ नहीं थी। यह एक भीतरी परिवर्तन था। गीता का असली काम यह है – मोह को तोड़ना।

और मोह क्या है? 'मैं यही हूँ, यही मेरा है, यही मैं चाहता हूँ' – यह सब मोह है। जब यह टूटता है – तभी कृष्ण का उद्देश्य पूरा होता है।

» विविध परंपराओं के स्वर

"गीता का अर्जुन तुम हो। और तुम्हारा कृष्ण भीतर है – वह चेतना जो देख रही है, जो जान रही है।"

– **आचार्य प्रशांत**, *गीता सत्र, नोएडा*

> *"The भगवद्गीता अहंकार और आत्मा के बीच का संवाद है।"*
>
> – **Swami Vivekananda**, *संपूर्ण रचनाएँ, खंड ४*

शंकराचार्य की चार मठ परंपरा

शंकराचार्य ने भारत के चार कोनों पर चार मठ स्थापित किए – जो आज भी जीवित हैं:

बद्रिकाश्रम (उत्तर): ज्योतिर्मठ, उत्तराखण्ड। वेद: अथर्ववेद। महावाक्य: अयम् आत्मा ब्रह्म।

श्रृंगेरी (दक्षिण): श्रृंगेरी मठ, कर्नाटक। वेद: यजुर्वेद। महावाक्य: अहं ब्रह्मास्मि।

द्वारका (पश्चिम): शारदा पीठ, गुजरात। वेद: सामवेद। महावाक्य: तत्त्वमसि।

पुरी (पूर्व): गोवर्धन मठ, ओड़िशा। वेद: ऋग्वेद। महावाक्य: प्रज्ञानम् ब्रह्म।

यह केवल मठ नहीं थे – यह एक अद्भुत vision था। एक ऐसे भारत की कल्पना जो अद्वैत के धागे में पिरोया हो – जहाँ उत्तर से दक्षिण तक एक ही सत्य गूँजे।

विवेकचूड़ामणि – ज्ञान का मुकुट

विवेकचूड़ामणि शंकराचार्य की सबसे महत्वपूर्ण रचनाओं में से एक है। इसमें 580 श्लोक हैं। यह ग्रंथ एक गुरु और शिष्य के संवाद के रूप में लिखा गया है।

इसमें शंकराचार्य ने स्पष्ट किया है कि मोक्ष के लिए क्या चाहिए, क्या नहीं चाहिए। उन्होंने कहा: 'न कर्मणा न प्रजया धनेन – न कर्म से, न संतान से, न धन से – मोक्ष नहीं मिलता। केवल ज्ञान से।'

> **ब्रह्म सत्यं जगन्मिथ्या जीवो ब्रह्मैव नापरः।**
>
> **अर्थ:** ब्रह्म सत्य है, जगत् मिथ्या है, जीव ब्रह्म से भिन्न नहीं है। – विवेकचूड़ामणि

□ **आत्म-परीक्षण**

- इन छह भ्रमों में से कोई एक जो आपने खुद माना हो – ईमानदारी से?
- क्या आप 'मैं साधक हूँ' को अपनी पहचान बनाते हैं? क्या यह अहंकार का नया रूप है?
- क्या अद्वैत आपके लिए कभी-कभी जिम्मेदारी से बचने का बहाना बना है?
- अपने जीवन में एक ऐसी परिस्थिति याद करें जहाँ आपने 'सब माया है' कहकर कर्तव्य से मुँह मोड़ा हो।

भाग ५

व्यावहारिक जीवन में अद्वैत – यहाँ, अभी

अध्याय १३

परिवार – सबसे बड़ी साधना-शाला

– ॐ –

मंदिर में जाना आसान है। वहाँ सब जानते हैं कि तुम धार्मिक हो। वहाँ कोई तुम्हें चिढ़ाता नहीं, कोई तुम पर चिल्लाता नहीं, कोई तुम्हारी गलती नहीं निकालता। लेकिन घर में? घर में वह सब है।

घर में वह पत्नी है जो जानती है तुम्हारी सारी कमज़ोरियाँ। वह बच्चा है जो हर फैसले को challenge करता है। वह माँ है जिनकी उम्मीदें पूरी नहीं कर पाए। यही असली साधना है। जो मंदिर में शांत रहे – उसकी कोई परीक्षा नहीं। जो घर में शांत रहे – वह वास्तव में साधक है।

रिश्ते – दर्पण जो झूठ नहीं बोलते

हर रिश्ता एक दर्पण है। जो चीज़ तुम्हें किसी में सबसे अधिक तंग करती है – वह तुम्हारे भीतर भी है। जब तुम किसी के बारे में बहुत तीव्र भावना महसूस करो – तो रुको। और पूछो: 'यह मेरे बारे में क्या कह रहा है?' यह प्रश्न क्रांतिकारी है।

घर में अद्वैत – पाँच व्यावहारिक अभ्यास

पहला अभ्यास: प्रतिदिन सुबह पाँच मिनट – परिवार के हर सदस्य को मन में देखो और उनमें चेतना देखने की कोशिश।

दूसरा अभ्यास: जब झगड़ा हो – एक काम करो: चुप रहो। तीन साँसें लो। फिर पूछो – 'क्या मैं सही हूँ, या मैं बस मैं हूँ?'

तीसरा अभ्यास: परिवार के साथ एक भोजन – बिना मोबाइल के। पूरी तरह उपस्थित।

चौथा अभ्यास: हर रात एक प्रश्न: 'आज मैंने किसे ठेस पहुँचाई – जानकर या अनजाने में?'

पाँचवाँ अभ्यास: परिवार के उस सदस्य को – जिसके साथ सबसे अधिक तनाव है – एक बार बिना किसी 'एजेंडा' के सुनो।

बच्चे – सबसे बड़े गुरु

परिवार में एक अद्भुत गुरु होता है – बच्चा। बच्चा तुम्हें वह सिखाता है जो कोई शास्त्र नहीं सिखा सकता।

जब बच्चा रोता है रात के तीन बजे – वह तुम्हारे 'नींद चाहिए' की आसक्ति को तोड़ता है। जब बच्चा तुम्हारी बात नहीं मानता – वह तुम्हारे अहंकार को ललकारता है। जब बच्चा तुमसे सवाल पूछता है जिनके जवाब तुम्हारे पास नहीं – वह तुम्हारी 'सब जानता हूँ' की धारणा को तोड़ता है।

खलील जिब्रान ने कहा था: 'तुम्हारे बच्चे तुम्हारे नहीं हैं। वे जीवन की अपनी इच्छा के पुत्र-पुत्रियाँ हैं।' यही अद्वैत का दृष्टिकोण है – बच्चे तुम्हारी 'property' नहीं हैं, वे अपने आप में पूर्ण आत्मा का प्रकाश हैं।

वैवाहिक जीवन में अद्वैत

विवाह को अद्वैत की दृष्टि से देखें तो यह एक अद्भुत साधना है। दो अलग-अलग व्यक्तित्व, दो अलग-अलग संस्कार – जब एक साथ रहते हैं तो घर्षण होता है। यह घर्षण पत्थर को तराशता है।

रिश्ते में जो सबसे कठिन है – वह है 'स्वीकार करना।' न बदलने की कोशिश, न control करने की। बस वह जो है, उसे जैसे-का-तैसे देखना। यही अद्वैत है रिश्ते में।

आचार्य प्रशांत कहते हैं: 'रिश्ते में 'पाना' नहीं, 'देना' हो। जब दोनों देने में लगे हों – तो रिश्ता मुक्त करता है। जब दोनों पाने में लगे हों – तो रिश्ता बाँधता है।'

» विविध परंपराओं के स्वर

"आत्मवत् सर्वभूतेषु यः पश्यति स पश्यति। – जो सभी प्राणियों में अपनी आत्मा देखता है – वही वास्तव में देखता है।"

– **महाभारत**, *शांतिपर्व*

"In family life, love is the oil that eases friction, the cement that binds closer together, and the music that brings harmony."

– **Friedrich Nietzsche**, *Thus Spoke Zarathustra*

□ **आत्म-परीक्षण**

34. आपके परिवार में कौन-सा रिश्ता सबसे कठिन है – और वह आपके बारे में क्या दिखाता है?

35. वह क्या है जो किसी परिजन में आपको सबसे अधिक तंग करता है? क्या वह आपमें भी है?

36. कब आपने परिवार को 'साधना-शाला' की तरह लिया – और क्या हुआ?

अध्याय १४

क्रोध, मोह, दुख

अद्वैत की शल्य-चिकित्सा

– ॐ –

विकास को प्रमोशन नहीं मिला। उसने पाँच साल मेहनत की थी। देर रात तक काम किया था। और प्रमोशन किसी और को मिला। विकास का क्रोध इतना तीव्र था कि वह रात भर सो नहीं सका। एक सप्ताह बाद – अभी भी। अद्वैत इस स्थिति में क्या कहता है?

क्रोध – उसकी जड़ का जाना

विकास का क्रोध 'प्रमोशन न मिलने' से नहीं था। क्रोध था – इस विश्वास से कि 'मेरे साथ न्याय नहीं हुआ।' और उस विश्वास के पीछे था – एक गहरी असुरक्षा: 'क्या मैं पर्याप्त हूँ?' क्रोध हमेशा किसी गहरे घाव से उठता है। जब यह दिखे – तो क्रोध का लक्ष्य बदल जाता है। और उस असुरक्षा को देखना – क्रोध की शल्य-चिकित्सा है।

मोह – प्रेम और आसक्ति में फर्क

मोह और प्रेम – एक-से लगते हैं, पर बिल्कुल अलग हैं। प्रेम देता है – मोह नहीं चाहता। प्रेम मुक्त करता है – मोह बाँधता है। जब एक माँ अपने बेटे पर रोती है क्योंकि वह अपनी करियर चुनना चाहता है – यह मोह है, प्रेम नहीं। लेकिन जब वही माँ रोते हुए भी बेटे को जाने देती है – वह प्रेम है।

दुख – उसके पास जाने का साहस

जब दुख आए – उसे भागो मत। उसके साथ बैठो। पूछो: 'यह दुख कौन महसूस कर रहा है?' 'इस दुख की जड़ क्या है?' यह प्रश्न दुख को नहीं मिटाते – लेकिन दुख और तुम्हारे बीच एक अंतर बनाते हैं। और वह अंतर ही मुक्ति की शुरुआत है।

क्रोध की अद्वैत-चिकित्सा – साक्षी बनो

जब क्रोध आए तो अद्वैत की दृष्टि से एक काम करो: उसे देखो।

'मैं क्रोधित हूँ' – यह कहना क्रोध में डूबना है। 'क्रोध हो रहा है' – यह कहना साक्षी बनना है। यह एक शब्द का फर्क नहीं – यह पूरे जीने के तरीके का फर्क है।

जब तुम कहते हो 'क्रोध हो रहा है' – तो एक अंतर बनता है तुम्हारे और क्रोध के बीच। उस अंतर में ही मुक्ति है। वह अंतर ही 'मैं' की असली जगह है – वह साक्षी।

> क्रोधाद्भवति सम्मोहः सम्मोहात्स्मृतिविभ्रमः। स्मृतिभ्रंशाद्बुद्धिनाशो बुद्धिनाशात्प्रणश्यति।

> **अर्थ:** क्रोध से मूढ़ता, मूढ़ता से स्मृति-भ्रम, स्मृति-भ्रम से बुद्धि का नाश, बुद्धि-नाश से विनाश। – भगवद्गीता २.६३

दुख को गहराई से समझना

दुख के तीन प्रकार हैं जो वेदांत बताता है:

आध्यात्मिक दुख: वह जो भीतर से आता है – चिंता, भय, अकेलापन। इसकी जड़ है आत्म-अज्ञान।

आधिभौतिक दुख: वह जो दूसरों से आता है – अपमान, धोखा, बीमारी। इसे पूरी तरह रोका नहीं जा सकता।

आधिदैविक दुख: वह जो प्रकृति से आता है – बाढ़, भूकंप, दुर्घटना। इस पर हमारा नियंत्रण नहीं।

अद्वैत कहता है: पहला दुख – आत्म-ज्ञान से मिटता है। दूसरा और तीसरा – साक्षी-भाव से सहा जा सकता है। जब तुम देखने वाले हो – तो दुख तुम्हें उतना नहीं डुबोता।

» विविध परंपराओं के स्वर

"दुख आता है – पर दुख में डूबना या न डूबना, यह हमारे हाथ में है।"

– वेदांत-विचार, *अद्वैत वेदांत का सार*

"घाव वह जगह है जहाँ से प्रकाश भीतर प्रवेश करता है।"

– Rumi (जलालुद्दीन रूमी)

"दुख में सुमिरन सब करे, सुख में करे न कोय। जो सुख में सुमिरन करे, तो दुख काहे होय।"

– संत कबीर, *कबीर दोहावली*

□ **आत्म-परीक्षण**

37. आपके क्रोध की जड़ क्या है – प्रमोशन, या उसके पीछे का भय?

38. आपके जीवन में कोई एक सम्बंध जहाँ प्रेम मोह बन गया हो – क्या हुआ?

39. अगली बार जब दुख आए – बिना भागे पाँच मिनट उसके साथ बैठें।

अध्याय १५

मृत्यु – सबसे बड़ा गुरु

– ॐ –

रमण महर्षि सोलह वर्ष के थे। एक दिन अचानक – बिना किसी कारण के – एक तीव्र भय आया। मृत्यु का भय। वे फर्श पर लेट गए। शरीर को अकड़ने दिया। और भीतर से देखा: 'मान लो यह शरीर मर गया। तो क्या?' शरीर मर रहा था – लेकिन जो 'मैं' देख रहा हूँ – वह नहीं मर रहा था।

'तो मृत्यु किसकी होती है?' 'शरीर की। मन की।' 'लेकिन मैं – जो देख रहा हूँ – मैं नहीं मरता।' उस एक अनुभव में रमण महर्षि को आत्मज्ञान हो गया। मृत्यु उनका सबसे बड़ा गुरु बनी।

स्मृति – याद रखो, तुम मरोगे

रोमन स्टोइक दार्शनिक एक प्रथा रखते थे – Memento Mori। जब कोई सेनापति जीतकर लौटता था – तो उसके पीछे एक दास बार-बार कहता: 'याद रखो, तुम भी एक दिन मरोगे।' यह अपमान नहीं था। यह एक अनुस्मारक था – ताकि घमंड न हो।

जब मृत्यु को सामने रखकर जीते हो – तो तुच्छ बातों पर क्रोध नहीं होता। तब रिश्तों में कटुता जमानहीं होती। तब जो महत्वपूर्ण है – वह महत्वपूर्ण लगता है।

> जातस्य हि ध्रुवो मृत्युर्ध्रुवं जन्म मृतस्य च। तस्मादपरिहार्येऽर्थे न त्वं शोचितुमर्हसि।
>
> **अर्थ:** जो जन्मा है उसकी मृत्यु निश्चित है। इसलिए जो अटल है उसके लिए शोक मत करो। – भगवद्गीता २.२७

» विविध परंपराओं के स्वर

"मरने से पहले मर जाओ – और जानो कि मृत्यु कुछ भी नहीं।"

– Rumi (जलालुद्दीन रूमी)

"कायर अपनी मृत्यु से पहले कई बार मरता है; वीर केवल एक बार मृत्यु का स्वाद चखता है।"

– William Shakespeare, जूलियस सीज़र

मृत्यु का भय – इसकी असली जड़

मृत्यु का भय दरअसल 'मैं' के खोने का भय है। जो 'मैं' को शरीर, नाम, रिश्तों से परिभाषित करता है – उसे लगता है कि ये सब जाने पर 'मैं' भी जाएगा।

लेकिन अद्वैत पूछता है: जो सोने में था और जागने में भी है – जो बचपन में था और बुढ़ापे में भी है – वह क्या है? वह साक्षी-चेतना – वह जन्म से पहले भी थी और मृत्यु के बाद भी रहेगी।

रमण महर्षि का कहना था: 'जब तुम गहरी नींद में होते हो – तो 'मैं' कहाँ होता है? फिर भी सुबह तुम उठते हो और कहते हो 'मैं था।' वह जो था – वही तुम हो। और वह मृत्यु में भी रहता है।'

'मृत्यु-ध्यान' – एक प्राचीन साधना

कई आध्यात्मिक परंपराओं में मृत्यु का ध्यान करना एक साधना है। बौद्ध परंपरा में 'Maranasati' (मृत्यु-स्मृति) एक महत्वपूर्ण ध्यान है। स्टोइक दर्शन में 'Memento Mori' एक दैनिक अभ्यास था।

इस साधना का उद्देश्य डराना नहीं – जगाना है। जब मृत्यु को सामने रखकर जीते हो – तो तुच्छ बातें तुच्छ लगने लगती हैं। जो महत्वपूर्ण है – वह महत्वपूर्ण लगता है।

एक अभ्यास: आज रात सोने से पहले पाँच मिनट – कल्पना करो कि यह तुम्हारा अंतिम दिन था। किसे माफ़ करना चाहते थे? किससे प्रेम कहना चाहते थे? क्या करना चाहते थे? अब – वह सब करो। अभी।

> न जायते म्रियते वा कदाचित् नायं भूत्वा भविता वा न भूयः। अजो नित्यः शाश्वतोऽयं पुराणो न हन्यते हन्यमाने शरीरे।
>
> **अर्थ:** यह आत्मा न कभी जन्मती है, न मरती है। यह अजन्मा, नित्य, शाश्वत और पुरातन है। शरीर के मारे जाने पर भी यह नहीं मारी जाती। – भगवद्गीता २.२०

» विविध परंपराओं के स्वर

"जो मन सुव्यवस्थित हो – उसके लिए मृत्यु केवल अगली महान यात्रा है।"

– एक विचार

"मरना है सो मरो रे, ऐसे मरो जो फिर न मरना होय। – अहंकार को मिटाओ – ऐसे मिटाओ कि जन्म-मृत्यु का चक्र ही समाप्त हो।"

– संत कबीर, *कबीर वाणी*

□ आत्म-परीक्षण

40. मृत्यु के विचार से आपको क्या महसूस होता है – भय, उदासी, या कुछ और?
41. यदि आज अंतिम दिन हो – आप किसे माफ़ी माँगेंगे? किसे प्रेम कहेंगे?
42. रमण महर्षि का प्रयोग: आँखें बंद करें। कल्पना करें कि शरीर मर रहा है। 'मैं' कहाँ है?

उपसंहार

यात्रा यहाँ समाप्त नहीं होती – यहाँ से शुरू होती है

– ॐ –

एक गाँव का बालक – जो कभी पिता के साथ खेत जाता था और माँ के साथ मंदिर – वह आज इस पुस्तक के अंतिम पृष्ठ पर है।

यह यात्रा सरवनखेड़ा के अहिरानी गाँव से शुरू हुई। कानपुर, ननिहाल, अलीगढ़ से गुज़री। रोडवेज के दफ्तर में बैठे-बैठे इंटरनेट पर संतों को पढ़ते हुए आगे बढ़ी। श्री मुकेश बाबू की भेंट की हुई पुस्तक ने एक द्वार खोला। कबीर ने राह दिखाई। आचार्य प्रशांत ने आधुनिक भाषा में वही सत्य कहा जो उपनिषदों में है।

यह पुस्तक उस यात्रा का एक पड़ाव है – मंज़िल नहीं।

श्रवण, मनन, निदिध्यासन

> **श्रवणं मननं निदिध्यासनम्।**
>
> **अर्थ:** सुनना, विचार करना, और गहरे ध्यान में उतरना – ज्ञान के तीन चरण।

श्रवण: तुमने किया – यह पुस्तक पढ़ी।

मनन: अब करना है – जो पढ़ा, उस पर गहराई से सोचो। तर्क करो। प्रश्न पूछो।

निदिध्यासन: यह सबसे गहरा चरण है। ध्यान में, मौन में – उस सत्य को अनुभव में उतारो।

इस यात्रा में सबसे बड़ा शत्रु – न भ्रम है, न माया है, न संसार है। सबसे बड़ा शत्रु वह अहंकार है जो यह यात्रा भी अपने नाम कर लेता है। 'मैं साधक हूँ' – 'मैं अद्वैती हूँ' – यह भी अहंकार के नए चोले हैं।

तुम जो खोज रहे हो – वह कहीं बाहर नहीं है। वह तुम्हारे भीतर है। सदा से था। है। और रहेगा।

"जिसे तुम खोज रहे थे – वह कभी खोया ही नहीं था।"

तत्त्वमसि

वह तुम हो।

– ॐ –

परिशिष्ट

प्रमुख श्लोकों का संग्रह

– ॐ –

उपनिषदों से

> **अहं ब्रह्मास्मि।**
>
> **अर्थ:** मैं ब्रह्म हूँ। – बृहदारण्यक उपनिषद

> **तत्त्वमसि।**
>
> **अर्थ:** वह तुम हो। – छांदोग्य उपनिषद

> **प्रज्ञानम् ब्रह्म।**
>
> **अर्थ:** चेतना ही ब्रह्म है। – ऐतरेय उपनिषद

> **अयम् आत्मा ब्रह्म।**
>
> **अर्थ:** यह आत्मा ब्रह्म है। – माण्डूक्य उपनिषद

> **सर्वं खल्विदम् ब्रह्म।**
>
> **अर्थ:** यह सब कुछ ब्रह्म ही है। – छांदोग्य उपनिषद

> **असतो मा सद्गमय। तमसो माज्योतिर्गमय। मृत्योर्मामृतं गमय।**
>
> **अर्थ:** असत से सत की ओर, अंधकार से प्रकाश की ओर, मृत्यु से अमृत की ओर ले जाओ। – बृहदारण्यक उपनिषद

भगवद्गीता से

> **योगः कर्मसु कौशलम्।**
>
> **अर्थ:** योग कर्म में कुशलता है। – २.५०

> **नैनं छिदन्ति शस्त्राणि नैनं दहति पावकः।**
>
> **अर्थ:** आत्मा को शस्त्र नहीं काट सकते, अग्नि नहीं जला सकती। – २.२३

> **कर्मण्येवाधिकारस्ते मा फलेषु कदाचन।**
>
> **अर्थ:** तुम्हारा अधिकार केवल कर्म पर है, फल पर कभी नहीं। – २.४७

शंकराचार्य से

> ब्रह्म सत्यं जगन्मिथ्या जीवो ब्रह्मैव नापरः।
>
> **अर्थ:** ब्रह्म सत्य, जगत् मिथ्या, जीव ब्रह्म से भिन्न नहीं।

> चिदानन्दरूपः शिवोऽहं शिवोऽहम्।
>
> **अर्थ:** मैं चिदानन्दरूप शिव हूँ। – निर्वाणषट्कम्

कबीर से

> पोथी पढ़ि पढ़ि जग मुआ, पंडित भया न कोया। ढाई आखर प्रेम का, पढ़े सो पंडित होया।
>
> **अर्थ:** किताबें पढ़-पढ़कर दुनिया मरगई पर पंडित कोई न बना।

> जब मैं था तब हरि नहीं, अब हरि हैं मैं नाहिं।
>
> **अर्थ:** जब अहंकार था तब ईश्वर नहीं था। अब ईश्वर है तो 'मैं' नहीं।

– ॐ तत्सत् –

समापन धन्यवाद

– ॐ –

इस पुस्तक की यात्रा मेरे अकेले की नहीं है। यह उन सब की संगति और कृपा का फल है जिनसे मुझे सीखने, सुनने और समझने का अवसर मिला।

मैं अपने माता-पिता का आभारी हूँ – जिन्होंने संस्कार दिए और धर्म की पहली अनुभूति कराई। अपने गुरुजनों, संतों और आचार्यों का आभार – जिनकी वाणी ने अंधकार में दीपक जलाया।

विशेष धन्यवाद उन मित्रों और सहकर्मियों को, जिनकी संगति ने मुझे अध्यात्म की ओर मोड़ा। आचार्य प्रशांत और अन्य संतों की शिक्षाएँ इस पुस्तक की आत्मा हैं।

पाठकों का भी हृदय से धन्यवाद – क्योंकि पुस्तक तभी जीवित होती है जब कोई उसे पढ़े, उस पर विचार करे, और अपने जीवन में उतारे। यदि इस पुस्तक से आपके मन में एक भी प्रश्न जागा – 'मैं कौन हूँ?' – तो यह लेखन सार्थक है।

– शुभम कुमार मिश्रा "शुभम अद्वैत"

अहिरानी, सरवनखेड़ा, कानपुरदेहात, उत्तर प्रदेश।

भूमिका

अक्सर हम धर्म को मंदिर जाने, व्रत रखने या विशेष मंत्रों के जाप तक सीमित कर देते हैं। बचपन में मैं भी यही समझता था। लेकिन जीवन की भागदौड़ और दफ्तर की फाइलों के बीच एक प्रश्न हमेशा गूँजता रहा – 'क्या बस यही है?'

'कर्मकांड से अद्वैत तक' मेरी उसी बेचैनी से उपजी यात्रा है। यह पुस्तक किसी विद्वान का प्रवचन नहीं, बल्कि एक साधारण गृहस्थ और कर्मचारी के संघर्ष और बोध की कहानी है। यह बताती है कि कैसे एक सामान्य मनुष्य कर्मकांड की 'सीढ़ी' का उपयोग करके अद्वैत के 'शिखर' तक पहुँच सकता है।

अद्वैत कठिन नहीं है; यह तो हमारा सहज स्वभाव है। बस, जो 'मैं' नहीं हूँ, उसे छोड़ते जाना ही साधना है। आशा है कि यह पुस्तक आपके भीतर भी वही प्रश्न जगाएगी, जिसने मेरा जीवन बदल दिया।

भाग 5: व्यावहारिक जीवन में अद्वैत

उप-अध्याय: आधुनिक बोध – आचार्य प्रशांत और अहंकार का विसर्जन

“अद्वैत केवल प्राचीन ग्रंथों की धूल भरी पोथियों में बंद कोई दर्शन नहीं है, बल्कि यह आज के भागते हुए मनुष्य की सबसे बड़ी ज़रूरत है। मेरी यात्रा में आचार्य प्रशांत की शिक्षाओं ने एक ‘ब्रिज’ (पुल) का काम किया। उन्होंने सिखाया कि ‘अहंकार’ का अर्थ केवल घमंड नहीं है, बल्कि वह हर विचार है जो हमें सत्य से दूर ले जाता है।

अद्वैत कहता है – ‘ब्रह्म सत्यं जगन्मिथ्या’। जब हम दफ्तर की राजनीति, पद की लालसा या घर के कलह में उलझते हैं, तब हम ‘मिथ्या’ को ही ‘सत्य’ मान लेते हैं। आचार्य जी के शब्दों में, साधना का अर्थ पहाड़ों पर जाना नहीं, बल्कि संसार के बीच रहकर यह देखना है कि कौन सी चीज़ हमें बेचैन कर रही है। मुक्ति का अर्थ मृत्यु के बाद मिलने वाला कोई स्वर्ग नहीं, बल्कि जीते-जी ‘अज्ञान’ से स्वतंत्र हो जाना है।”

उप-अध्याय: कंप्यूटर, फाइलें और साक्षी भाव (जागरूकता के साथ कार्य)

"अलीगढ़ रोडवेज में कंप्यूटर ऑपरेटर के पद पर काम करते हुए मैंने पाया कि अध्यात्म और काम अलग-अलग नहीं हैं। जब स्क्रीन पर डेटा फीड होता है, तब उंगलियाँ अपना काम करती हैं, लेकिन भीतर एक 'साक्षी' (Witness) होता है जो सब देख रहा होता है।

यदि कोई यात्री गुस्से में है या कोई फाइल समय पर पूरी नहीं हो रही, तो मन में जो हलचल मचती है, उसे दूरी से देखना ही अद्वैत का अभ्यास है। दफ्तर केवल आजीविका का साधन नहीं, बल्कि एक 'प्रयोगशाला' है जहाँ आप धैर्य और तटस्थता (Detachment) का परीक्षण करते हैं।"

परिशिष्ट: शब्दावली और मनन

महत्वपूर्ण शब्दावली (शब्दावली)

अद्वैत (Advaita): वह अवस्था जहाँ 'दो' का अस्तित्व न रहे। दृष्टा (देखने वाला) और दृश्य (देखी जाने वाली वस्तु) के बीच का भेद मिट जाना।

साक्षी (Sakshi): वह चेतना जो मन के विचारों और शरीर की क्रियाओं को बिना किसी निर्णय (Judgment) के देखती है।

माया (Maya): वह शक्ति जो सत्य को छिपा लेती है और जो असत्य है उसे सत्य की तरह दिखाती है (जैसे रेगिस्तान में मृगतृष्णा)।

नेति-नेति (Neti-Neti): "यह नहीं, यह नहीं"। वह प्रक्रिया जिसके द्वारा साधक शरीर, मन और बुद्धि को 'स्वयं' मानने से इनकार करता है।

विवेक (Viveka): नित्य (स्थायी) और अनित्य (अस्थायी) के बीच भेद करने की क्षमता।

मुमुक्षु (Mumukshu): वह व्यक्ति जिसके भीतर सत्य को जानने और मुक्त होने की तीव्र तड़प हो।

प्रत्येक अध्याय के लिए 'मनन बिंदु' (मनन बिंदु)

प्रत्येक अध्याय के अंत में इन प्रश्नों को बॉक्स में रखें:

स्वयं से पूछें: "आज दिन भर में कितनी बार मैं 'अहंकार' के वश में होकर प्रतिक्रिया की और कितनी बार मैं शांत रहकर केवल देख पाया?"

चिन्तन करें: "यदि आज मेरा शरीर और मन पूरी तरह शांत हो जाए, तो क्या मेरा अस्तित्व बचेगा? वह बचा हुआ अंश ही 'सत्य' है।"

अभ्यास: "किसी भी कठिन परिस्थिति में ५ सेकंड के लिए रुकें और सोचें – क्या यह समस्या ५ साल बाद भी इतनी ही बड़ी लगेगी? यदि नहीं, तो यह माया है।"

आभार

यह पुस्तक केवल कागज़ और स्याही का मेल नहीं है, बल्कि उन सभी सत्संगों और कृपाओं का निचोड़ है जो मुझे जीवन की राह में मिलीं।

सबसे पहले, मैं अपने पिता श्री राम मोहन मिश्रा, माता श्रीमती सुधा मिश्रा और अपनी दादी के चरणों में नमन करता हूँ, जिन्होंने अहिरानी के छोटे से परिवेश में मुझे वे संस्कार दिए, जो आज अद्वैत को समझने की बुनियाद बने। मैं अपने नाना-नानी के प्रति भी हृदय से कृतज्ञ हूँ, जिन्होंने ननिहाल में रहते हुए मुझे जो स्नेह, संस्कार और सुरक्षा दी – वह इस यात्रा की अदृश्य नींव है।

मैं अपनी पत्नी के प्रति हृदय से कृतज्ञ हूँ, जिन्होंने इस पूरी यात्रा में – गृहस्थ जीवन की भागदौड़ के बीच – सहयोग, धैर्य और प्रेम से साथ दिया। उनके बिना यह पुस्तक संभव न होती। मेरे प्रिय बच्चों – जिनकी मुस्कान और मासूमियत ने हर कठिन क्षण में ऊर्जा दी – उन्हें भी यह पुस्तक समर्पित है। और मेरे समस्त पारिवारिक जन एवं निकटजन – जिन्होंने इस जीवन-यात्रा में स्नेह और सहयोग दिया, उन सबके प्रति मैं हृदय से कृतज्ञ हूँ।

मैं विशेष रूप से रोडवेज (अलीगढ़) के अपने वरिष्ठ सहयोगी एवं मार्गदर्शक श्री मुकेश बाबू तथा अन्य मित्रों का आभारी हूँ, जिन्होंने मेरे हाथ में 'साधक संजीविनी' थमाई। उस एक पुस्तक ने मेरे भीतर जिज्ञासा की जो अग्नि जलाई, उसने कर्मकांड की पुरानी धारणाओं को भस्म कर सत्य का मार्ग प्रशस्त किया।

अंत में, मैं आचार्य प्रशांत के प्रति अपनी कृतज्ञता व्यक्त करता हूँ, जिनकी प्रखर वाणी और उपनिषदों की आधुनिक व्याख्या ने मुझे 'स्वयं' से मिलने का साहस दिया। यह पुस्तक उन्हीं की शिक्षाओं से प्रेरित एक तुच्छ भेंट है।

– ॐ –

एक विनम्र अपील

'मैं कौन हूँ?' – इस प्रश्न को जीवन में जगह दो।

यदि इस पुस्तक को पढ़ते हुए आपके भीतर कभी यह प्रश्न जागा हो – 'मैं कौन हूँ?' – तो जान लीजिए कि यह प्रश्न ही आपकी सबसे बड़ी संपदा है। इसे दबाइए मत। इसे जीने दीजिए।

अद्वैत वेदांत को गहराई से समझने के लिए, और इस प्रश्न 'मैं कौन हूँ?' को जीवन में उतारने के लिए – आचार्य प्रशांत जी से जुड़िए। उनकी वाणी में उपनिषद, गीता, कबीर और बुद्ध आज की भाषा में जीवंत हो उठते हैं।

आचार्य प्रशांत जी से जुड़ें:

- YouTube: Acharya Prashant – लाखों सत्संग, प्रवचन एवं शास्त्र-विवेचन निःशुल्क उपलब्ध
- Website: prashantadvait.com – ऑनलाइन कोर्स, किताबें एवं सत्संग
- App: Acharya Prashant – Android / iOS पर उपलब्ध

उनके मिशन में सहभागी बनें – क्योंकि बोध, जागृति और आत्म-ज्ञान किसी एक की संपत्ति नहीं, यह मानवता की साझी धरोहर है। जब एक मनुष्य जागता है – तो वह अपने आसपास के सभी लोगों को प्रकाश देता है।

"जिसे तुम खोज रहे थे – वह कभी खोया ही नहीं था।"

– ॐ –

अस्वीकरण (Legal Disclaimer)

इस पुस्तक में व्यक्त विचार लेखक के व्यक्तिगत अध्ययन, साधना और अनुभवों पर आधारित हैं। पुस्तक के कुछ अंशों में आचार्य प्रशांत एवं अन्य आध्यात्मिक गुरुओं की शिक्षाओं का संदर्भ लिया गया है। लेखक स्पष्ट करना चाहता है कि यह पुस्तक किसी भी संस्था का आधिकारिक प्रकाशन नहीं है, न ही लेखक किसी संस्था का प्रतिनिधित्व करता है।

इस पुस्तक में उद्धृत आधुनिक विचारों को लेखक ने अपने शब्दों में प्रस्तुत किया है। यह पुस्तक शैक्षणिक और आत्म-अन्वेषण हेतु लिखी गई है। लेखक ने गुरुओं की शिक्षाओं को अपने जीवन के परिप्रेक्ष्य में समझने और समझाने का प्रयास किया है। किसी भी महापुरुष या जीवित व्यक्तित्व के नाम और विचारों का उल्लेख केवल 'सद्भावना' (Good Faith) और 'संदर्भ' (Fair Reference) के उद्देश्य से किया गया है। यदि किसी पाठक को किसी सामग्री पर आपत्ति हो, तो वे सीधे लेखक से संपर्क कर सकते हैं। इस पुस्तक में उद्धृत आधुनिक विचारों को लेखक ने अपने शब्दों में प्रस्तुत किया है। यह पुस्तक शैक्षणिक और आत्म-अन्वेषण हेतु लिखी गई है। इसमें दिए गए विचार किसी संस्था, संगठन या विचारधारा का आधिकारिक वक्तव्य नहीं हैं।

प्रकाशक: **शुभम अद्वैत पब्लिकेशन्स**,

अहिरानी, कानपुर देहात, उत्तर प्रदेश, भारत।

– ॐ –

लेखक की आने वाली पुस्तकें

Coming Soon

पुस्तक १

मैं को देखने वाला कौन?

साक्षी-भाव, अहंकार और चेतना की गहन पड़ताल

इस पुस्तक में लेखक उस प्रश्न की गहराई में उतरते हैं जो हर जागरूक मनुष्य के मन में उठता है – जो देख रहा है, वह कौन है? जब आँखें बंद हों, जब विचार थम जाएँ, जब भावनाएँ भी शांत हो जाएँ – तब जो शेष रहता है, वह क्या है? यह पुस्तक अद्वैत वेदांत, बौद्ध दर्शन और चेतना की गहन खोज पर आधारित होगी।

✦

पुस्तक २

श्री कृष्ण

एक साधारण मनुष्य की असाधारण दृष्टि

श्री कृष्ण – वह नाम जो केवल इतिहास नहीं, एक जीवन-दर्शन है। इस पुस्तक में लेखक कृष्ण को भक्ति के साथ-साथ विचार की कसौटी पर भी देखते हैं – गीता के कर्मयोग से लेकर उनके जीवन के हर पहलू तक। यह एक साधारण गृहस्थ की दृष्टि से कृष्ण को समझने का

प्रयास होगा – जहाँ वे केवल मंदिर के नहीं, जीवन के हर क्षण के मार्गदर्शक बनते हैं।

इन पुस्तकों की प्रतीक्षा करें –

यात्रा जारी है।

– ॐ –

www.ingramcontent.com/pod-product-compliance
Lightning Source LLC
LaVergne TN
LVHW100322210926
848480LV00003B/1222